#홈스쿨링
#초등 영어 기초력
#초등영어 교육과정 기반

똑똑한 하루 Phonics는 무엇이 다를까요?

하루에 발음 1~2개! 단어 3~4개를 집중해서 연습하니까 배우기 쉬워요!

매일 6쪽씩 학습하고, 부록으로 놀이하듯 복습하며 균형 잡힌 학습을 해요!

발음 동영상으로 정확한 발음을 익히고, 찬트/랩으로 읽기 훈련을 해요!

반복되고 지루한 문제는 그만! 다양한 활동으로 재미있게 학습해요!

매주 5일은 스토리로 문장을 읽어 보고, 사이트 워드도 익혀 보세요!

똑똑한 하루 Phonics
시리즈 구성 (Starter, Level 1~3)

Starter A, B

A 알파벳 + 파닉스 ①
B 알파벳 + 파닉스 ②

Level 1 A, B

A 자음과 모음
B 단모음

Level 2 A, B

A 매직 e 장모음
B 연속자음 + 이중자음

Level 3 A, B

A 장모음
B 이중모음

똑똑한 하루 Phonics만의

똑똑한 부가 자료

책 속 부록

단어 카드

온라인 자료

QR

▷ QR로 편리하게 듣고 발음 동영상도 볼 수 있어요.

추가 활동지

▷ 다양한 추가 활동지를 book.chunjae.co.kr 에서 다운 받으세요.

4주 완성 스케줄표

1주

✦ 공부한 날짜를 써 봐!

2A	**1**일 8~17쪽	**2**일 18~23쪽	**3**일 24~29쪽	**4**일 30~35쪽	**5**일 36~41쪽	TEST
	a, a_e	ake	ate, ase	ave, ame	1주 복습	42~43쪽
	월 일	월 일	월 일	월 일	월 일	월 일

	특강
	44~49쪽
	월 일

2주

힘을 내! 넌 최고야!

TEST	**5**일 78~83쪽	**4**일 72~77쪽	**3**일 66~71쪽	**2**일 60~65쪽	**1**일 50~59쪽
84~85쪽	2주 복습	ive, ide	ime, ike	ine	i, i_e
월 일	월 일	월 일	월 일	월 일	월 일

계획대로만 하면 금방 끝날 거야!

특강
86~91쪽
월 일

3주

배운 단어는 꼭꼭 복습하기!

1일 92~101쪽	**2**일 102~107쪽	**3**일 108~113쪽	**4**일 114~119쪽	**5**일 120~125쪽	TEST
o, o_e	ole, one	ote, ope	ome, ose	3주 복습	126~127쪽
월 일	월 일	월 일	월 일	월 일	월 일

	특강
	128~133쪽
	월 일

4주

복습하니까 이해가 쏙쏙! 실력이 쑥쑥!

특강	TEST	**5**일 162~167쪽	**4**일 156~161쪽	**3**일 150~155쪽	**2**일 144~149쪽	**1**일 134~143쪽
170~175쪽	168~169쪽	4주 복습	단모음과 장모음	매직 e 장모음	ube, ute	u, u_e
월 일	월 일	월 일	월 일	월 일	월 일	월 일

똑똑한 하루 Phonics
똑똑한 QR 사용법

방법 1
QR로 편리하게 듣기

1. 교재 표지의 QR 코드 찍기
2. 해당 '레벨 ≫ 주 ≫ 일'을 터치하고, 원하는 음원과 동영상 재생하기
3. 복습할 때 찬트 모아 듣기, 동영상 모아 보기 기능 활용하기

방법 2
교재에서 바로 듣기

교재 본문의 QR 코드를 찍고, 원하는 음원과 동영상 재생하기

편하고 똑똑하게!

Chunjae
Makes
Chunjae

편집개발	조수민, 구보선, 유재영, 주선이
디자인총괄	김희정
표지디자인	윤순미, 이주영
내지디자인	박희춘, 이혜미
제작	황성진, 조규영
발행일	2022년 6월 1일 초판 2022년 6월 1일 1쇄
발행인	(주)천재교육
주소	서울시 금천구 가산로9길 54
신고번호	제2001-000018호
고객센터	1577-0902

똑 똑 한

하루
Phonics

하루 6쪽!
쉽고 재미있게!

2A

매직 e 장모음

이렇게 구성했어요!

한 주 미리보기

배울 내용을 이야기로 살펴 보고,
스티커를 붙이며 학습을 준비해요.

1~4일 학습

발음 동영상으로
익혀 보세요.

장모음이 단어 속에서 어떻게 소리 나는지 만화와
발음 동영상을 보며 익혀요.

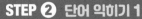

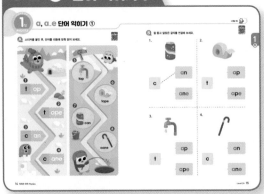

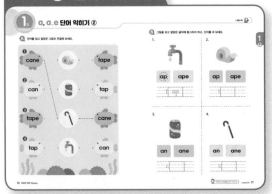

랩으로 익히는 단어 읽기 연습과 듣기 활동은 소리와
글자를 매치하여 단어를 읽을 수 있게 도와줘요.

단어 읽기 및 쓰기 활동을 통해 스스로 단어를 읽고
쓸 수 있어요.

5일 복습

STEP ❶ 복습 활동

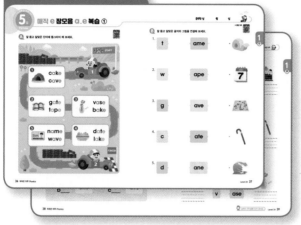

문제를 풀어 보며 매직 e 장모음의 소리와 단어를
복습해요.

STEP ❷ Story Time

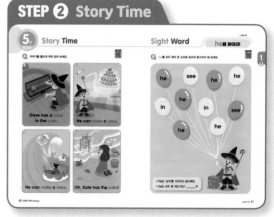

한 주 동안 배운 단어로 구성된 스토리와 사이트
워드로 읽기 자신감을 키워요.

누구나 100점 TEST

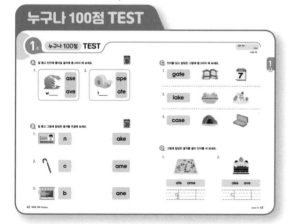

한 주 동안 배운 내용을 문제로 확인해요.

Brain Game

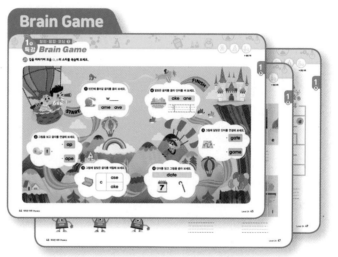

창의·융합·코딩 활동으로 복습은 물론!
재미와 사고력까지 UP!

단어 카드로
매일 복습하며
재미 쑥! 실력 쑥!

놀이 부록

단어 카드를 뜯어서 놀이하듯
재미있게 매직 e 장모음을 복습해요.

3주

4주

매직 e 장모음 글자와 소리

🎙️ **모음을 손가락으로 짚으며 소리를 말해 보세요.**

a_e
/에이/

ape 에이ㅍ	**ane** 에인	**ake** 에이ㅋ	**ate** 에이ㅌ
ase 에이ㅅ	**ave** 에이ˇㅂ	**ame** 에임	

i_e
/아이/

ite 아이ㅌ	**ine** 아인	**ime** 아임	**ike** 아이ㅋ
ive 아이ˇㅂ	**ide** 아이ㄷ		

o_e
/오우/

ote 오우ㅌ	**ope** 오우ㅍ	**ole** 오울	**one** 오운
ome 오움	**ose** 오우ᶻㅈ		

u_e
/유-/

ube 유-ㅂ	**ute** 유-ㅌ

함께 배울 친구들

레온

안녕! 내 이름은 '레온'이야.
난 몸의 색깔을 원하는 대로
바꿀 수 있는 카멜레온이야.
가끔 우디가 날 못 찾을 때도 있지.
우디는 나의 가장 친한 친구야.
심심한데 우디랑 비행을 나가 볼까?

안녕! 난 '우디'라고 해.
난 나무를 좋아하는 비버야.
내가 사는 숲에는 커다란 나무가
정말 많아. 난 레온과 비행하러
다니는 걸 좋아해. 가끔 비행기에서
덜덜 소리가 나지만 아직 쓸 만해.
이번엔 좀 멀리 가 볼까?

매직 e는 앞에 있는 모음 a의 소리를 /에이/로 변하게 해요. 알맞은 스티커를 붙여 보세요.

Quiz

/에이/로 소리 나는 글자를 모두 찾아 동그라미 해 보세요.

a, a_e 소리 익히기

a와 a_e가 단어 속에서 어떻게 소리 나는지 들어 보세요.

A a와 a_e의 소리를 듣고 따라 말해 보세요.

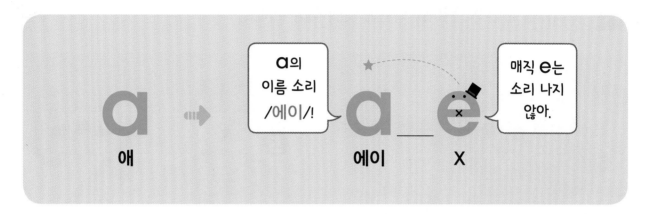

a
애

→

a의
이름 소리
/에이/!

a_e
에이 　 X

매직 e는
소리 나지
않아.

B 잘 듣고 따라 말하면서 a와 a_e의 단어를 익혀 보세요.

①

t a p
ㅌ 애ㅍ
↓
tap

②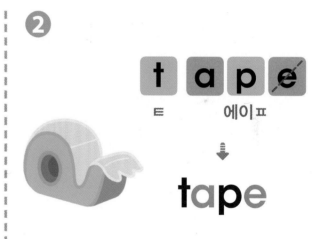

t a p e
ㅌ 에이ㅍ
↓
tape

③

c a n
ㅋ 앤
↓
can

④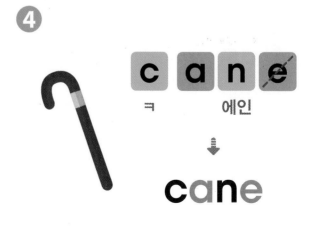

c a n e
ㅋ 에인
↓
cane

① 수도꼭지 ② 테이프 ③ 캔, 깡통 ④ 지팡이 　 Level 2A **13**

a, a_e 단어 익히기 ①

A 스티커를 붙인 후, 단어를 리듬에 맞춰 읽어 보세요.

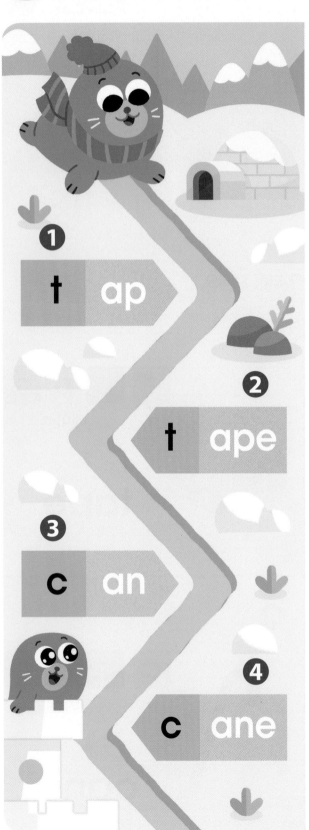

1. t ap
2. t ape
3. c an
4. c ane

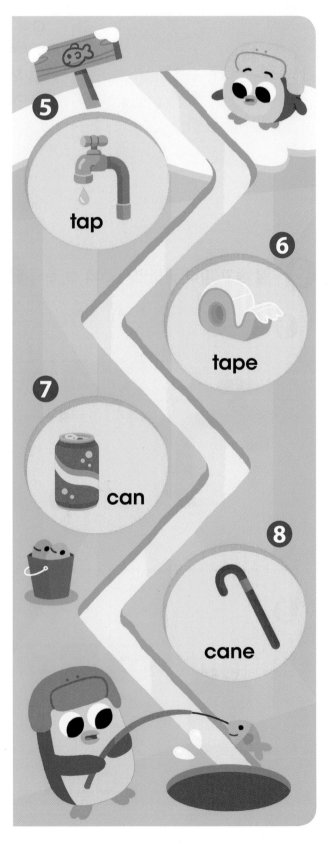

5. tap
6. tape
7. can
8. cane

B 잘 듣고 알맞은 글자를 연결해 보세요.

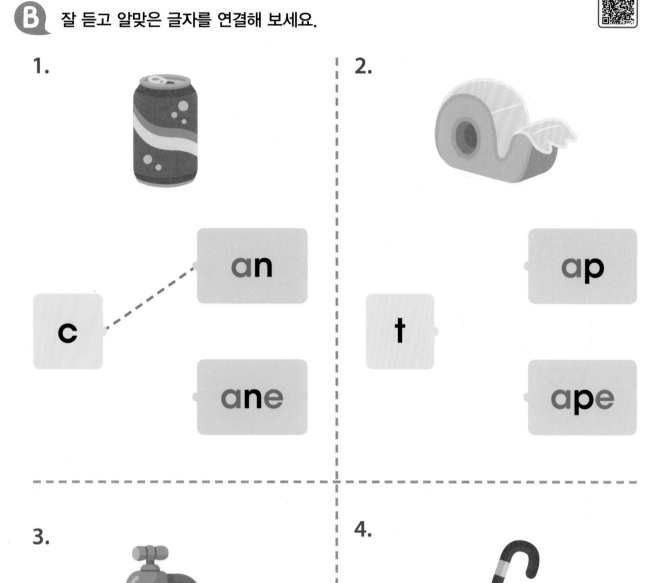

1.

c — an

ane

2.

t

ap

ape

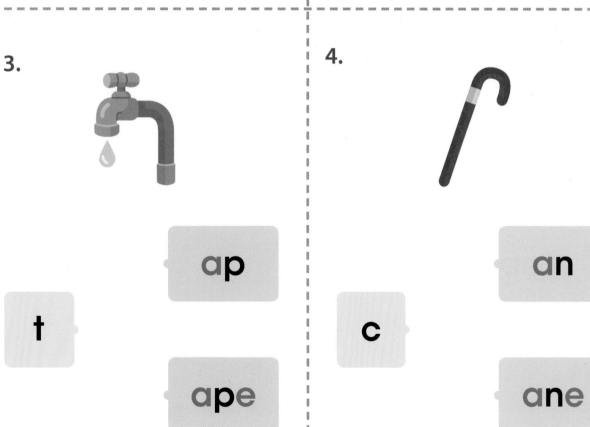

3.

t

ap

ape

4.

c

an

ane

a, a_e 단어 익히기 ②

A 단어를 읽고 알맞은 그림과 연결해 보세요.

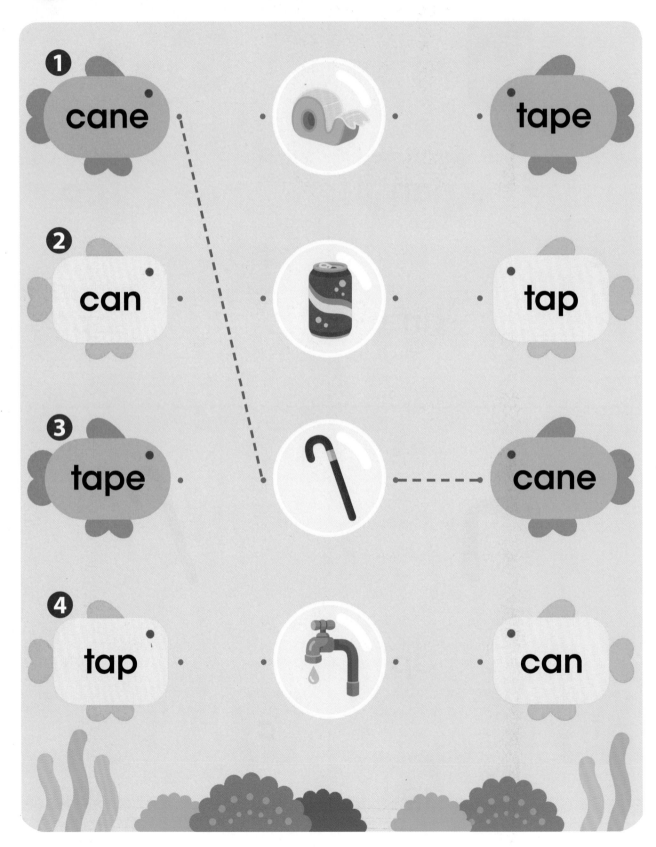

1. cane · tape
2. can · tap
3. tape · cane
4. tap · can

B 그림을 보고 알맞은 글자에 동그라미 하고, 단어를 써 보세요.

1.

ap ape

t ap

2.

ap ape

t

3.

an ane

c

4.

an ane

c

17쪽의 단어들을 읽어 보세요.

ake 소리 익히기

📖 ake가 단어 속에서 어떻게 소리 나는지 들어 보세요.

ake의 소리를 듣고 따라 말해 보세요.

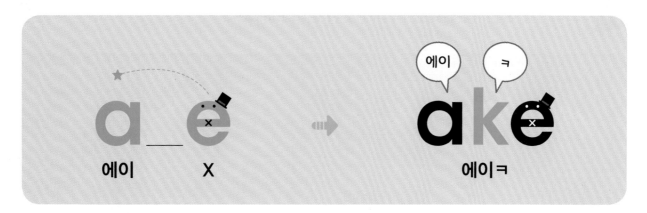

 잘 듣고 따라 말하면서 **ake**의 단어를 익혀 보세요.

①

②

③

④

ake 단어 익히기 ①

A 스티커를 붙인 후, 단어를 리듬에 맞춰 읽어 보세요.

▶정답 2쪽

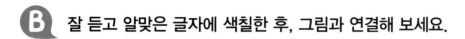

B 잘 듣고 알맞은 글자에 색칠한 후, 그림과 연결해 보세요.

1.

c
m
ake

2.

l
b
ake

3.

b
m
ake

4.

l
c
ake

ake 단어 익히기 ②

A 그림을 보고 알맞은 단어에 동그라미 해 보세요.

① bake make

② cake lake

③ lake make

④ cake bake

B 그림을 보고 글자를 알맞게 배열하여 단어를 써 보세요.

1.
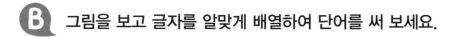

k a e l

lake

2.

a b e k

3.

a c k e

4.

k m a e

5. 복습

n a c

6. 복습

p a t e

ate, ase 소리 익히기

📖 ate와 ase가 단어 속에서 어떻게 소리 나는지 들어 보세요.

A ate와 ase의 소리를 듣고 따라 말해 보세요.

1

gate

2

date

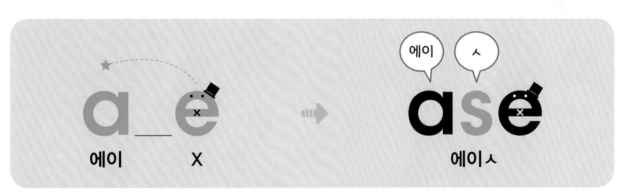

3

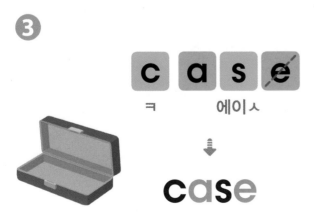

case

4

vase

① 정문, 대문 ② 날짜 ③ 케이스 ④ 꽃병

A 스티커를 붙인 후, 단어를 리듬에 맞춰 읽어 보세요.

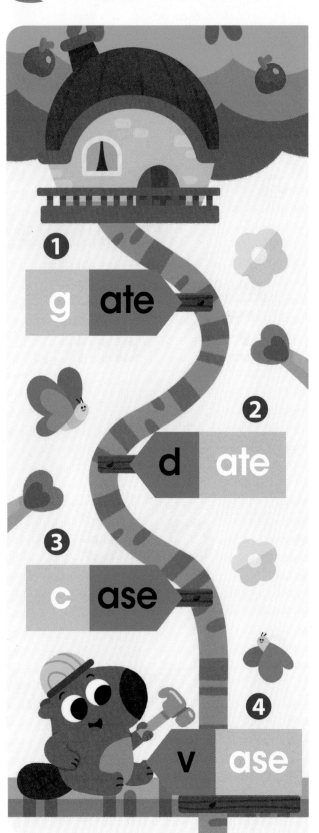

❶ g ate

❷ d ate

❸ c ase

❹ v ase

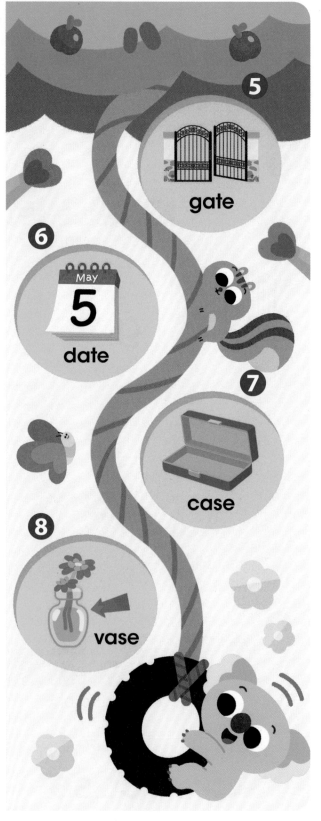

❺ gate

❻ date

❼ case

❽ vase

B 잘 듣고 알맞은 글자를 연결해 보세요.

1.

ate

v

ase

2.

ate

d

ase

3.

ase

g

ate

4.

ase

c

ate

ate, ase 단어 익히기 ②

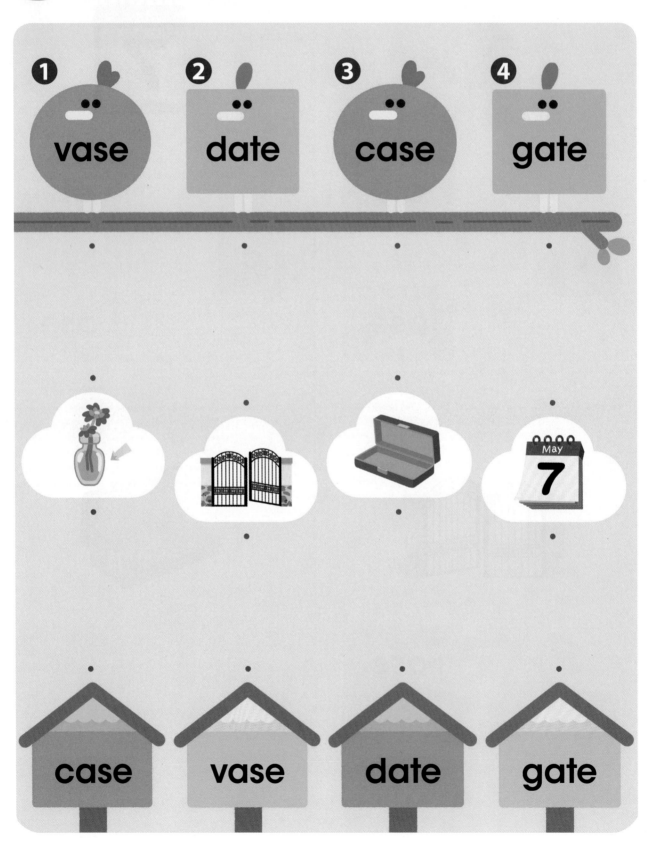

A 단어를 읽고 알맞은 그림과 연결해 보세요.

B 그림에 알맞은 단어를 찾아 동그라미 하고, 써 보세요.

1.

d a t e v a s e

date

2.

c a s e g a t e

3.

g a t e d a t e

4.

v a s e c a s e

복습
5.

t a p e m a k e

복습
6.

c a k e c a n e

ave, ame 소리 익히기

ave와 ame가 단어 속에서 어떻게 소리 나는지 들어 보세요.

A ave와 ame의 소리를 듣고 따라 말해 보세요.

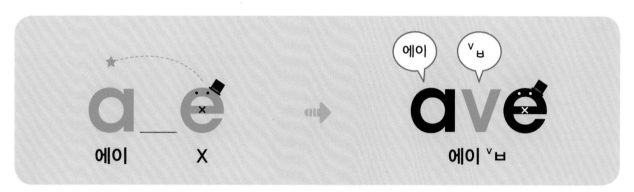

에이 〳ㅂ

에이 　 X 　 ➡ 에이 ᵛㅂ

①

ㅋ 　 에이 ᵛㅂ

cave

②

워 　 에이 ᵛㅂ

wave

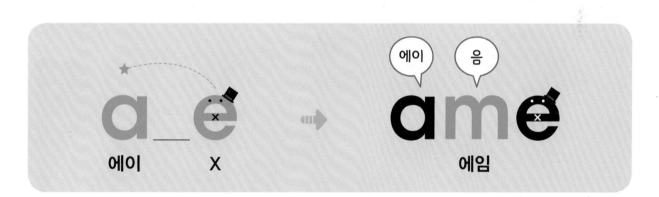

에이 　 음

에이 　 X 　 ➡ 에임

③

ㄱ 　 에임

game

④

ㄴ 　 에임

name

① 동굴 ② 파도 ③ 게임 ④ 이름 　 Level 2A **31**

ave, ame 단어 익히기 ①

A 스티커를 붙인 후, 단어를 리듬에 맞춰 읽어 보세요.

1. c | ave
2. w | ave
3. g | ame
4. n | ame
5. cave
6. wave
7. game
8. name

B 잘 듣고 알맞은 글자에 색칠한 후, 그림과 연결해 보세요.

1.

g	ave
	ame

2.

c	ave
	ame

3.

n	ame
	ave

4.

w	ame
	ave

ave, ame 단어 익히기 ①

y

A 그림을 보고 알맞은 단어에 동그라미 해 보세요.

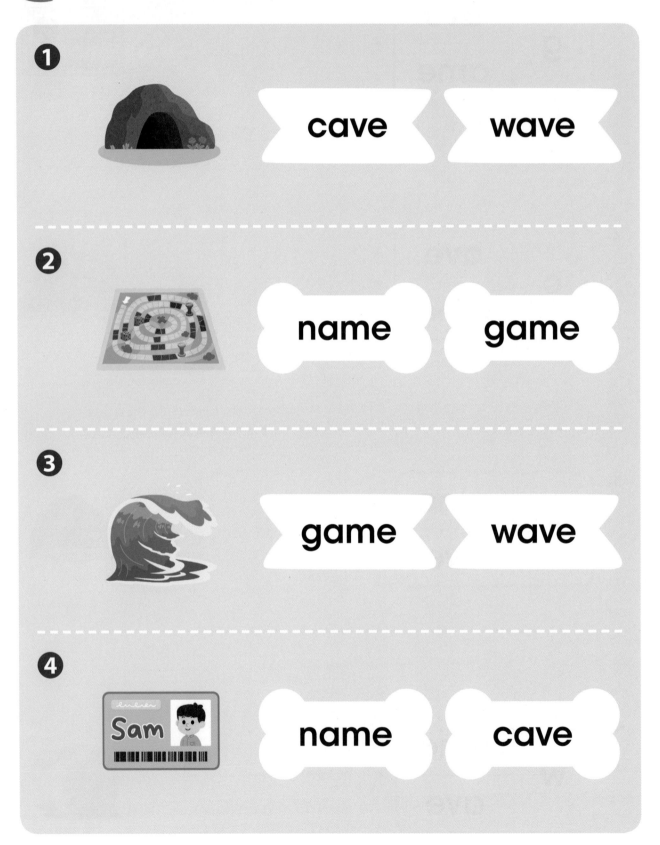

1. cave · wave
2. name · game
3. game · wave
4. name · cave

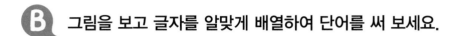

B 그림을 보고 글자를 알맞게 배열하여 단어를 써 보세요.

1.

a g e m

_____

2.

w v a e

_____

3.

a v c e

_____

4.

m a e n

_____

복습
5.

a k l e

_____

복습
6.

s a v e

_____

35쪽의 단어들을 읽어 보세요.　　Level 2A **35**

매직 e 장모음 a_e 복습 ①

A 잘 듣고 알맞은 단어에 동그라미 해 보세요.

START

❶ cake
cave

❷ gate
tape

❸ vase
bake

❺ name
wave

Sam

❹ date
lake

FINISH

▶정답 5쪽

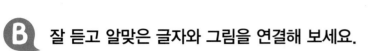

B 잘 듣고 알맞은 글자와 그림을 연결해 보세요.

1. t   ame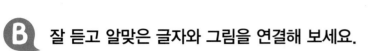

2. w   ape

3. g   ave

4. c   ate

5. d   ane

매직 e 장모음 a_e 복습 ②

A 빈칸에 들어갈 알맞은 글자에 동그라미 해 보세요.

❶ c____   ave / ape

❷ m____   ane / ake

❸ t____   ape / ase

❹ d____   ate / ane

❺ b____   ame / ake

❻ c____   ase / ave

B 그림을 보고 알맞은 글자를 연결한 후, 단어를 써 보세요.

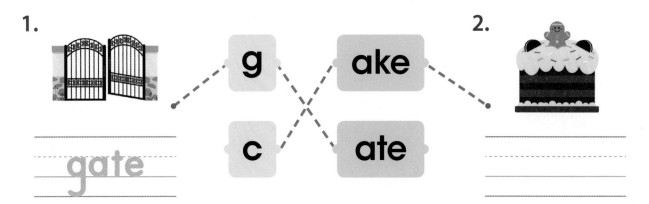

1.
g — ake
c — ate

gate

2.

3.
c   ame
n   ane

Sam

4.

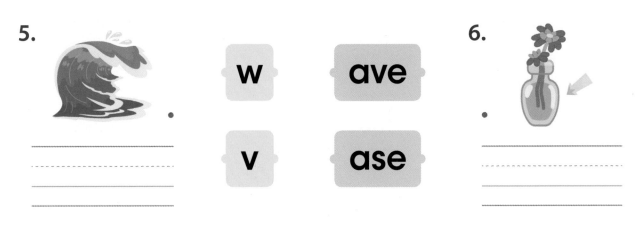

5.
w   ave
v   ase

6.

Story Time

 이야기를 들으며 따라 읽어 보세요.

1

Dave has a cane in the case.

2

He can make a cake.

3

He can make a wave.

4

Oh, Kate has the cake!

Sight Word

▶정답 6쪽

he를 찾아라!

1
주

B he를 모두 찾아 큰 소리로 읽으며 동그라미 해 보세요.

- he는 '남자'를 가리키는 말이에요.
- he는 모두 몇 개인가요? _____개

A 잘 듣고 빈칸에 들어갈 글자에 동그라미 해 보세요.

1.

w____

ase
ave

2.
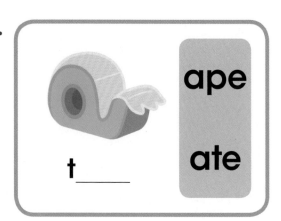

t____

ape
ate

B 잘 듣고 그림에 알맞은 글자를 연결해 보세요.

1.

n

ake

2.

c

ame

3.

b

ane

C 단어를 읽고 알맞은 그림에 동그라미 해 보세요.

1.
gate

2.
lake

3.
case

D 그림에 알맞은 글자를 골라 단어를 써 보세요.

1.

ate   ame

g

2.

ake   ave

c

길을 따라가며 모음 a_e의 소리를 복습해 보세요.

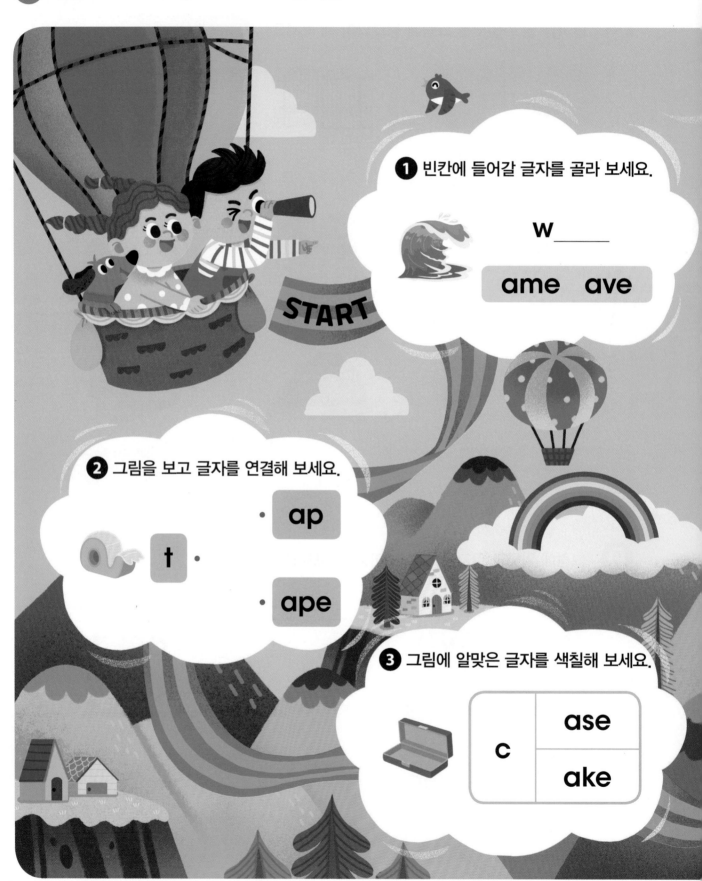

❶ 빈칸에 들어갈 글자를 골라 보세요.

w_____

ame   ave

❷ 그림을 보고 글자를 연결해 보세요.

· ap

t ·

· ape

START

❸ 그림에 알맞은 글자를 색칠해 보세요.

c | ase
  | ake

6 알맞은 글자를 골라 단어를 써 보세요.

ake   ane

5 그림에 알맞은 단어를 연결해 보세요.

· **gate**

· **game**

4 단어를 읽고 그림을 골라 보세요.

date

A 빈칸에 들어갈 글자를 찾아 화살표를 따라가 보세요.

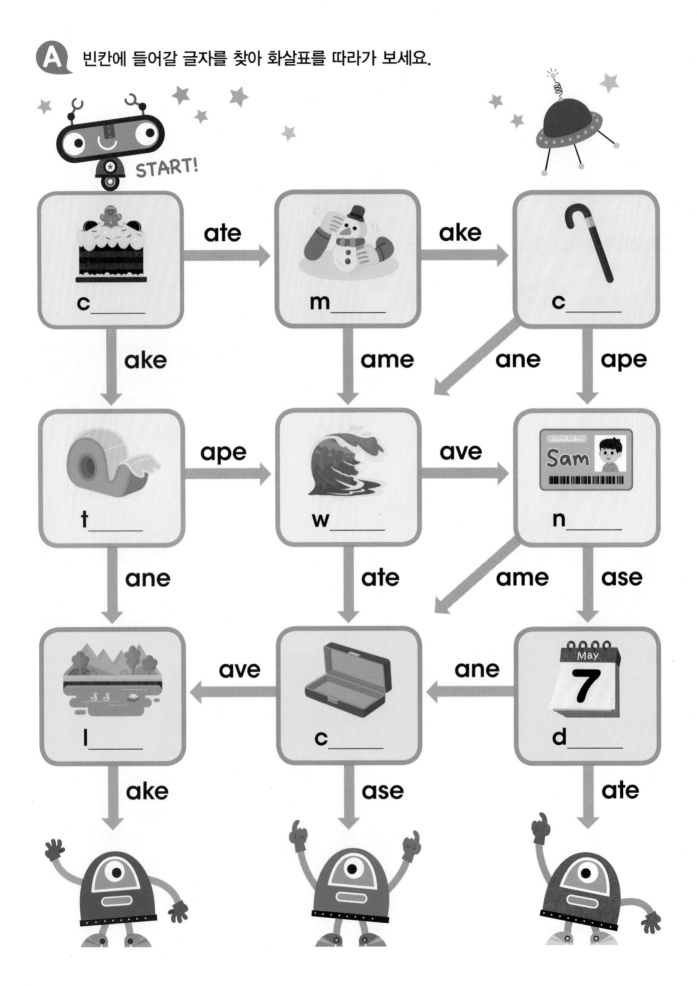

START!

▶정답 8쪽

B 그림 조각을 바르게 배열하면 나오게 될 단어를 써 보세요.

❶

e m g a

_____

❷

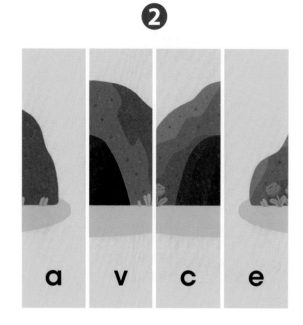

a v c e

_____

❸

t g e a

_____

❹

k a e l

_____

A 그림에 알맞은 단어를 퍼즐에서 찾아 동그라미 해 보세요.

❶

c＿＿＿＿

❷

b＿＿＿＿

❸

n＿＿＿＿

❹

g＿＿＿

❺

t＿＿＿

❻

c＿＿＿＿

t	c	f	n	a	m	e
b	a	k	e	g	s	c
n	v	w	r	h	d	a
c	e	t	a	p	e	s
v	l	m	g	a	t	e

B 길을 따라가서 나오는 단어를 쓰고, 그림 스티커를 붙여 보세요.

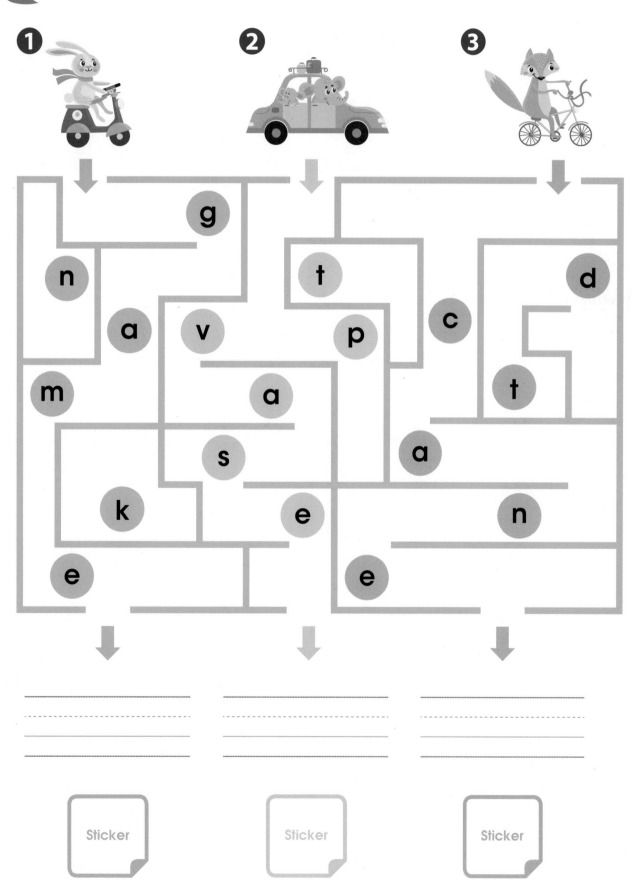

Sticker   Sticker   Sticker

2주

이번 주에는 무엇을 배울까? ❷

매직 e는 앞에 있는 모음 i의 소리를 /아이/로 변하게 해요. 알맞은 스티커를 붙여 보세요.

Quiz

/아이/로 소리 나는 글자를 모두 찾아 동그라미 해 보세요.

i, i_e 소리 익히기

📖 i와 i_e가 단어 속에서 어떻게 소리 나는지 들어 보세요.

A i와 i_e의 소리를 듣고 따라 말해 보세요.

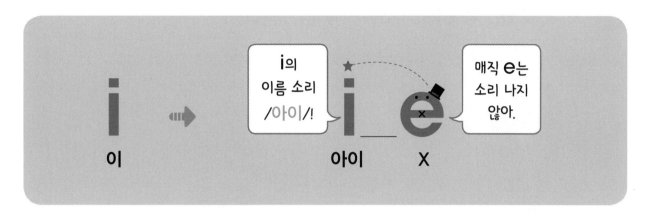

B 잘 듣고 따라 말하면서 i와 i_e의 단어를 익혀 보세요.

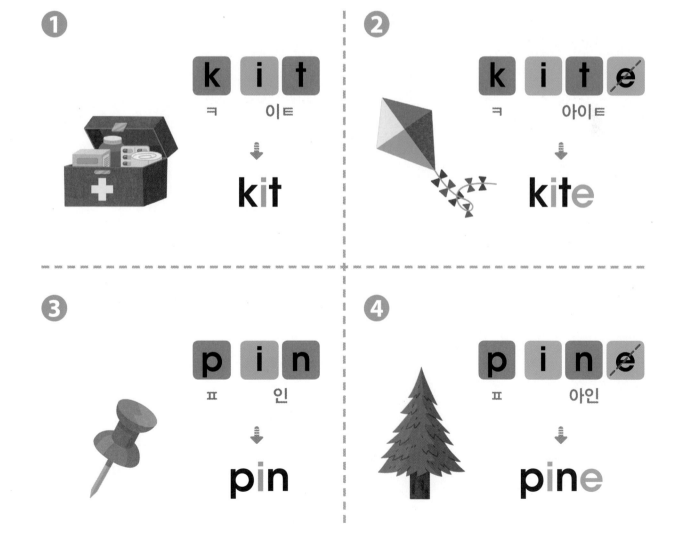

① 키트 ② 연 ③ 핀 ④ 소나무　Level 2A **55**

i, i_e 단어 익히기 ①

A 스티커를 붙인 후, 단어를 리듬에 맞춰 읽어 보세요.

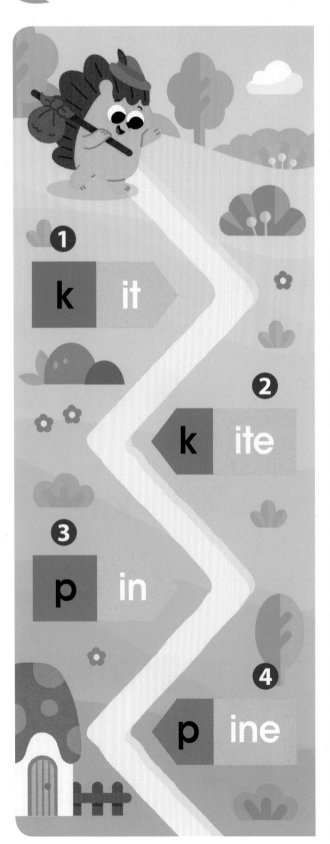

1 k it

2 k ite

3 p in

4 p ine

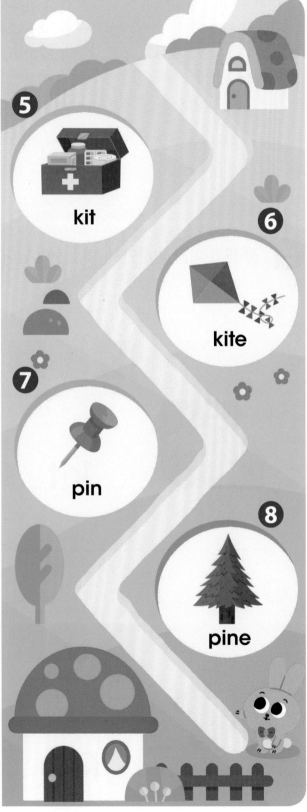

5 kit

6 kite

7 pin

8 pine

▶ 정답 9쪽

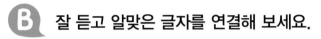

B 잘 듣고 알맞은 글자를 연결해 보세요.

1.

in

p

ine

2.

it

k

ite

3.

in

p

ine

4.

it

k

ite

i, i-e 단어 익히기 ②

A 단어를 읽고 알맞은 그림과 연결해 보세요.

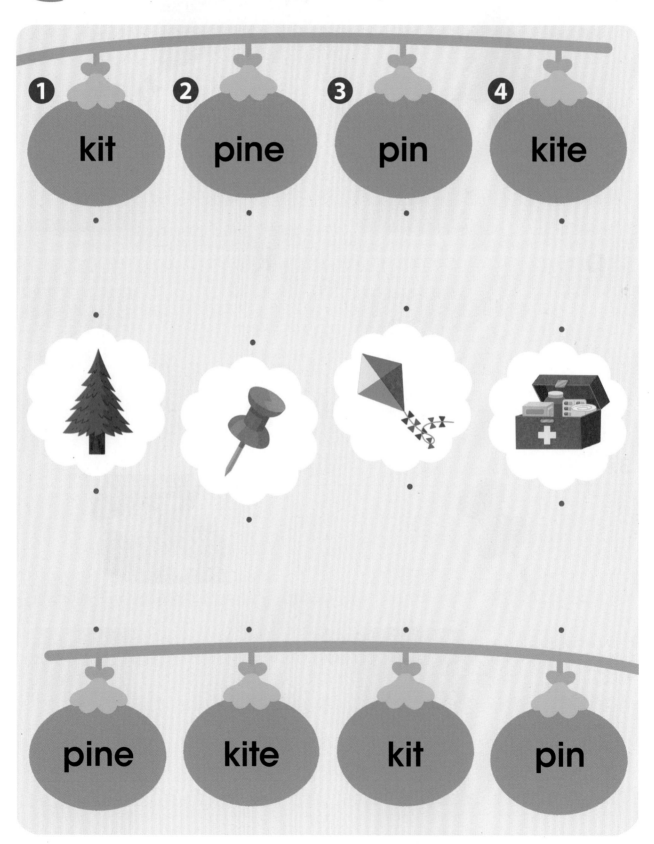

B 그림을 보고 알맞은 글자에 동그라미 하고, 단어를 써 보세요.

2 주

1.

in	ine

p

2.

it	ite

k

3.

in	ine

p

4.

it	ite

k

5.

ap	ape

t

6.

an	ane

c

ine 소리 익히기

📖 ine가 단어 속에서 어떻게 소리 나는지 들어 보세요.

A ine의 소리를 듣고 따라 말해 보세요.

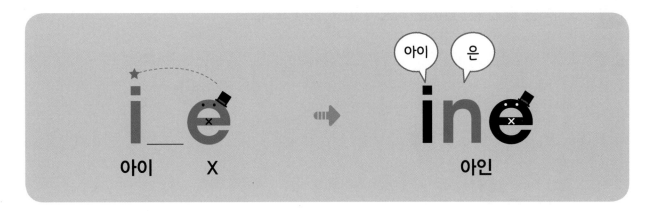

아이   X

아이   은

아인

B 잘 듣고 따라 말하면서 ine의 단어를 익혀 보세요.

①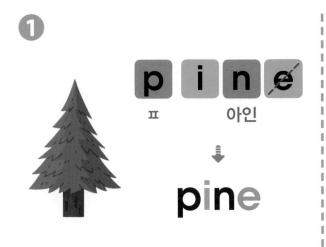

p i n e
ㅍ   아인

pine

②

v i n e
ᵛㅂ   아인

vine

③

n i n e
ㄴ   아인

nine

④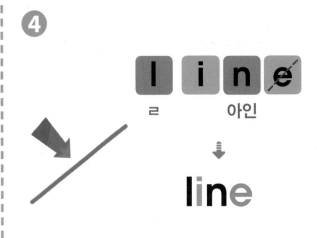

l i n e
ㄹ   아인

line

① 소나무 ② 덩굴 식물 ③ 숫자 9 ④ 선, 줄   Level 2A **61**

ine 단어 익히기 ①

A 스티커를 붙인 후, 단어를 리듬에 맞춰 읽어 보세요.

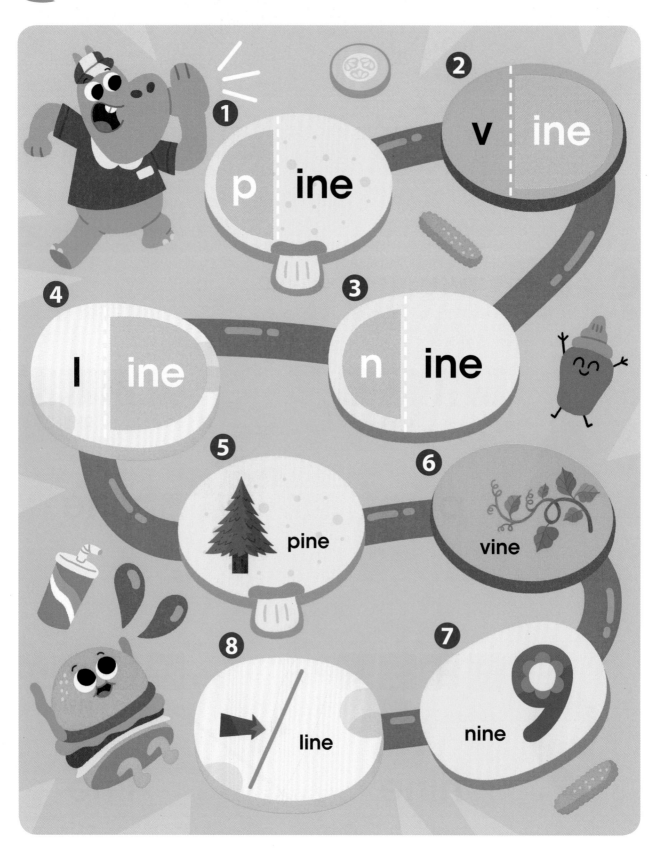

▶정답 10쪽

B 잘 듣고 알맞은 글자에 색칠한 후, 그림과 연결해 보세요.

1.
p	
---	ine
l	

2.
v	
---	ine
n	

3.
p	
---	ine
n	

4.
v	
---	ine
l	

2
주

ine 단어 익히기 ②

A 그림을 보고 알맞은 단어에 동그라미 해 보세요.

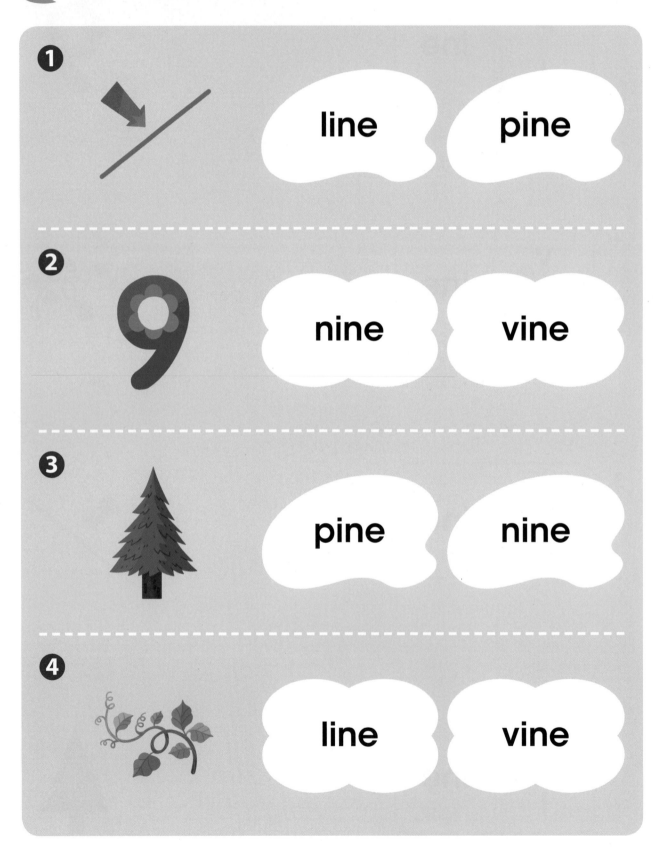

❶ line   pine

❷ nine   vine

❸ pine   nine

❹ line   vine

B 그림을 보고 글자를 알맞게 배열하여 단어를 써 보세요.

1.

i n e v

2.

n i e n

3.

l n i e

4.

n i p e

복습
5.

t i k e

복습
6.

a n m e

65쪽의 단어들을 읽어 보세요.   Level 2A **65**

ime, ike 소리 익히기

📖 ime와 ike가 단어 속에서 어떻게 소리 나는지 들어 보세요.

A ime와 ike의 소리를 듣고 따라 말해 보세요.

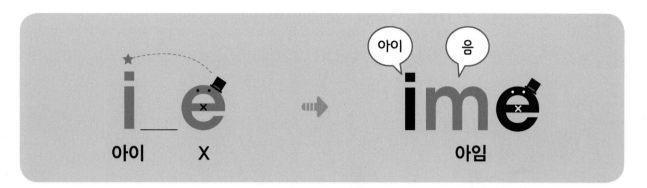

①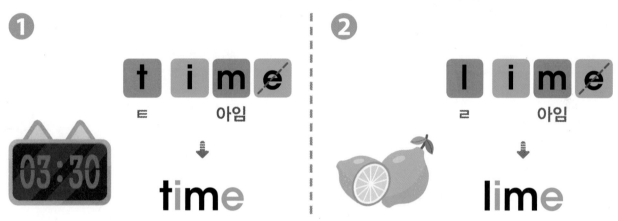

time

②

lime

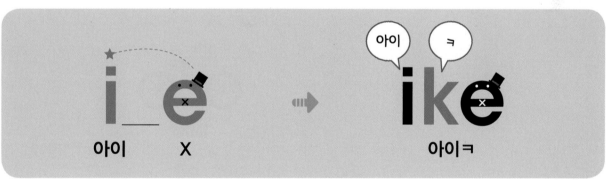

③

bike

④

mike

① 시간 ② 라임 ③ 자전거 ④ 마이크 　　Level 2A **67**

ime, ike 단어 익히기 ①

A 스티커를 붙인 후, 단어를 리듬에 맞춰 읽어 보세요.

① t ime

② l ime

③ b ike

④ m ike

⑤ time

⑥ lime

⑦ bike

⑧ mike

▶정답 11쪽

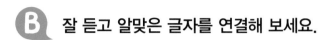 잘 듣고 알맞은 글자를 연결해 보세요.

1.

ime

m

ike

2.

ime

l

ike

3.

ike

b

ime

4.

ike

t

ime

ike 단어 익히기 ②

A 그림을 보고 알맞은 단어에 동그라미 해 보세요.

1. mike   time

2. bike   lime

3. lime   bike

4. time   mike

B 그림에 알맞은 단어를 찾아 동그라미 하고, 써 보세요.

1.

t i m e l i m e

2.

b i k e m i k e

3.

l i m e b i k e

4.

m i k e t i m e

---

5. 복습

n i n e w a v e

---

6. 복습

k i t e d a t e

71쪽의 단어들을 읽어 보세요.

ive, ide 소리 익히기

📖 ive와 ide가 단어 속에서 어떻게 소리 나는지 들어 보세요.

A ive와 ide의 소리를 듣고 따라 말해 보세요.

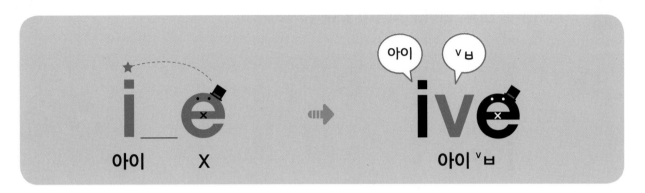

아이   x ➡ 아이ᵛㅂ

①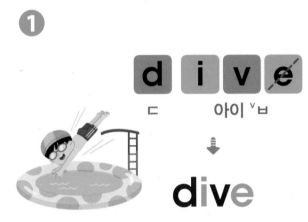

ㄷ   아이ᵛㅂ
↓
dive

②

ᶠㅍ   아이ᵛㅂ
↓
five

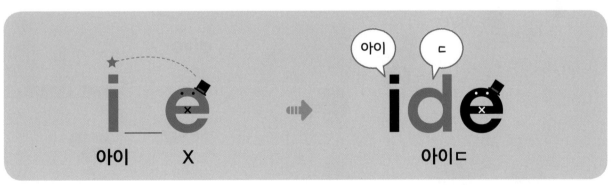

아이   x ➡ 아이ㄷ

③

ㅎ   아이ㄷ
↓
hide

④

뤄   아이ㄷ
↓
ride

ive, ide 단어 익히기 ①

A 스티커를 붙인 후, 단어를 리듬에 맞춰 읽어 보세요.

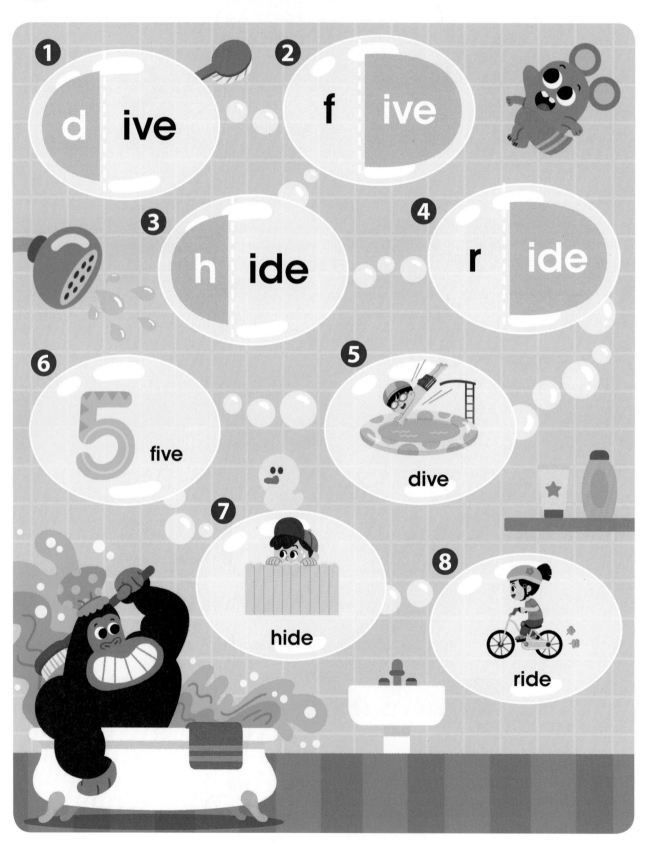

① d ive

② f ive

③ h ide

④ r ide

⑥ five

⑤ dive

⑦ hide

⑧ ride

▶정답 12쪽

B 잘 듣고 알맞은 글자에 색칠한 후, 그림과 연결해 보세요.

1.

h	ive
	ide

2.

f	ive
	ide

3.

r	ide
	ive

5

4.

d	ide
	ive

ive, ide 단어 익히기 ①

A 단어를 읽고 알맞은 그림과 연결해 보세요.

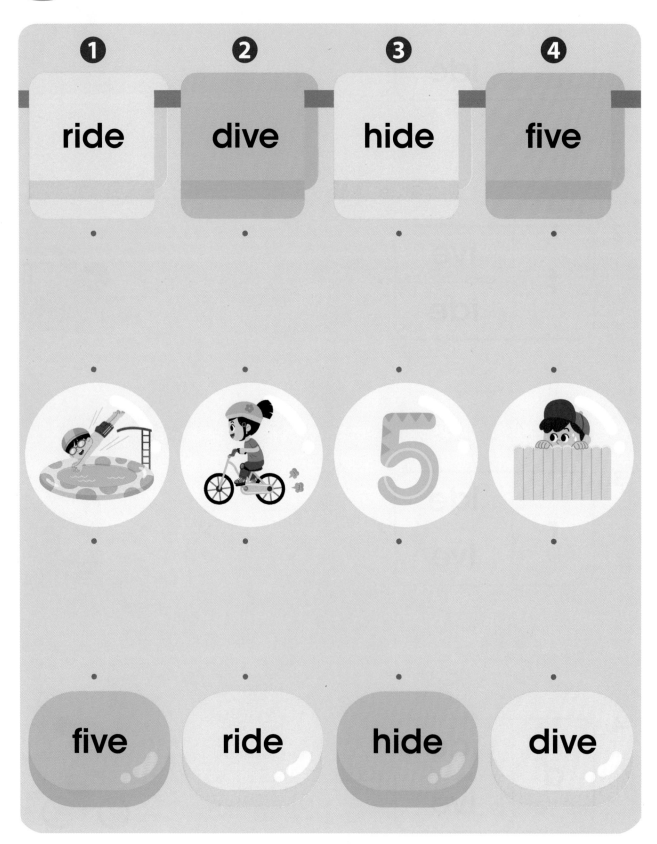

① ride ② dive ③ hide ④ five

five ride hide dive

B 그림을 보고 글자를 알맞게 배열하여 단어를 써 보세요.

1.

i d e v
_____
_____

2.

d r i e
_____
_____

3.

d i e h
_____
_____

4.

v e f i
_____
_____

복습
5.

a e w v
_____
_____

복습
6.

i t m e
_____
_____

77쪽의 단어들을 읽어 보세요. Level 2A **77**

매직 e 장모음 i_e 복습 ①

A 잘 듣고 알맞은 단어에 동그라미 해 보세요.

① 5 five / line

③ mike / time

② vine / ride

④ bike / lime

⑤ hide / pine

▶정답 13쪽

B 잘 듣고 알맞은 글자와 그림을 연결해 보세요.

1. t 　 ite 　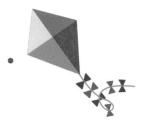

2. k 　 ike 　

3. h 　 ime 　

4. b 　 ive 　

5. d 　 ide 　

매직 e 장모음 i_e 복습 ②

A 빈칸에 들어갈 알맞은 글자에 동그라미 해 보세요.

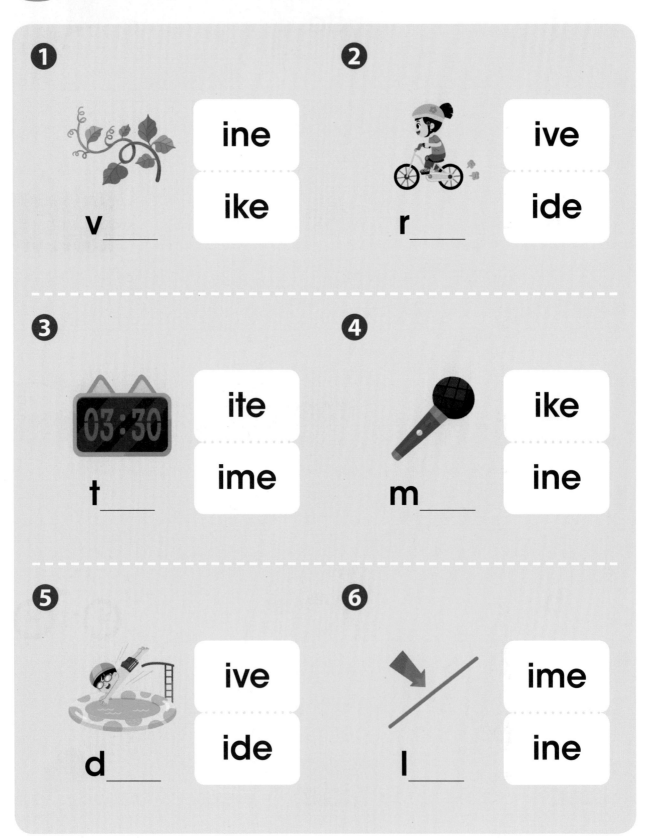

①

v___

ine

ike

②

r___

ive

ide

③

t___

ite

ime

④

m___

ike

ine

⑤

d___

ive

ide

⑥

l___

ime

ine

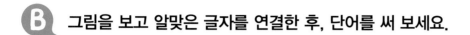

B 그림을 보고 알맞은 글자를 연결한 후, 단어를 써 보세요.

1.

b   ine

n   ike

2.

3.

f   ite

k   ive

4.

5.

l   ide

h   ime

6.

Story Time

 이야기를 들으며 따라 읽어 보세요.

It is time to hide, Mike.

**Did you hide
in the pine? No.**

**Did you hide
in the vines? No.**

**Did you hide
in the limes? Yes!**

▶정답 14쪽

Sight Word

you를 찾아라!

B you를 모두 찾아 큰 소리로 읽으며 동그라미 해 보세요.

h	e	y	o	u
e	y	w	i	n
y	o	u	n	y
t	u	h	e	o
y	o	u		u

• you는 '너'를 가리키는 말이에요.
• you는 모두 몇 개인가요? _____개

A 잘 듣고 빈칸에 들어갈 글자에 동그라미 해 보세요.

1.
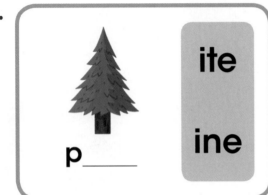

p____   ite
        ine

2.

m____   ike
        ive

B 잘 듣고 그림에 알맞은 글자를 연결해 보세요.

1.

l   ide

2.

r   ime

3.

d   ive

C 단어를 읽고 알맞은 그림에 동그라미 해 보세요.

1. kite

2. vine

3. bike

D 그림에 알맞은 글자를 골라 단어를 써 보세요.

1.

ine　ive

f

2.

ide　ime

h

🎵 줄을 따라가며 모음 i_e의 소리를 복습해 보세요.

START

❶ 빈칸에 들어갈 글자를 골라 보세요.

b____

ide   ike

❷ 그림을 보고 글자를 연결해 보세요.

p ·

· in

· ine

❸ 그림에 알맞은 글자를 색칠해 보세요.

03:30

t

ime

ive

▶정답 15쪽

6 알맞은 글자를 골라 단어를 써 보세요.

ike   ite

k

FINISH

5 그림에 알맞은 단어를 연결해 보세요.

· hide

· vine

4 단어를 읽고 그림을 골라 보세요.

five

5   9

A 빈칸에 공통으로 들어갈 글자를 찾아 색칠하고, 무엇이 보이는지 써 보세요.

1

p_____   v_____

2

h_____   r_____

3

m_____   b_____

4

t_____   l_____

_____ive

i	d	e
m	v	b
e	★	i
t	l	n
i	k	e

▶정답 16쪽

B 길을 따라가며 여섯 개의 단어를 찾아보세요.

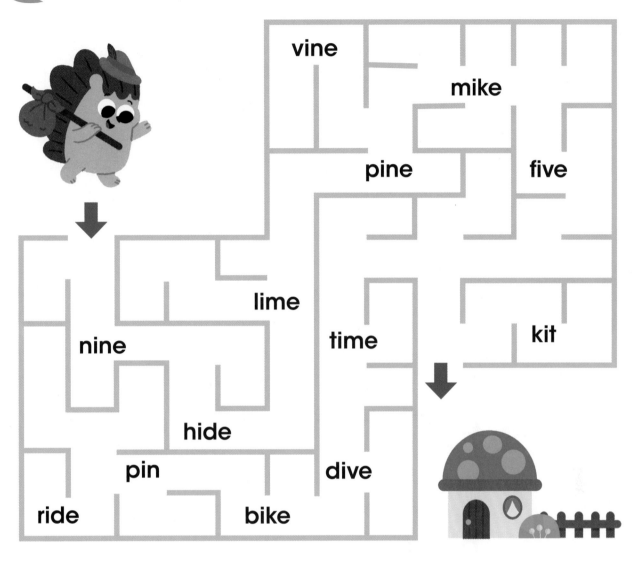

vine
mike
pine   five
lime
nine   time   kit
hide
pin   dive
ride   bike

- 집 자물쇠를 열기 위한 비밀번호가 필요해요. 찾은 단어 순서대로 숫자를 써 보세요.

◯ ◯ ◯ ① ◯ ◯

A 그림에 알맞은 단어를 순서대로 찾으며 길을 따라가 보세요.

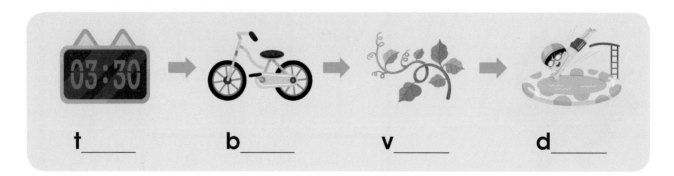

t____ → b____ → v____ → d____

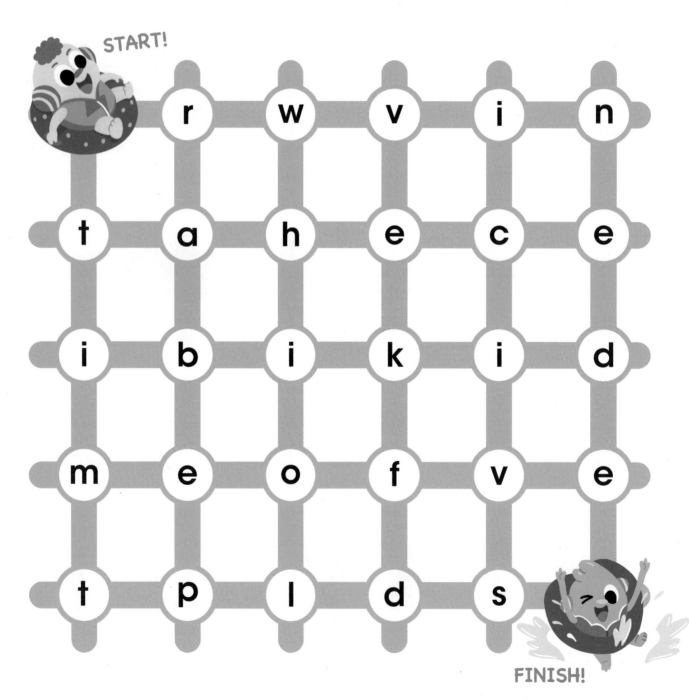

B 그림을 보고 쿠키를 담을 유리병을 찾아 단어를 써 보세요.

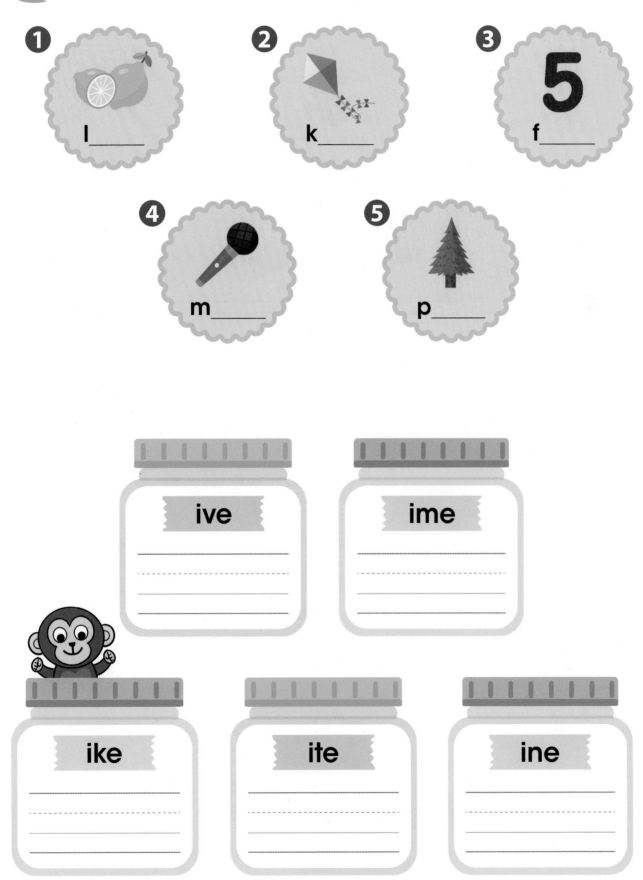

① l_____

② k_____

③ f_____

④ m_____

⑤ p_____

ive

ime

ike

ite

ine

매직 e는 앞에 있는 모음 o의 소리를 /오우/로 변하게 해요. 알맞은 스티커를 붙여 보세요.

Quiz

/오우/로 소리 나는 글자를 모두 찾아 동그라미 해 보세요.

o, o_e 소리 익히기

📖 o와 o_e가 단어 속에서 어떻게 소리 나는지 들어 보세요.

A o와 o_e의 소리를 듣고 따라 말해 보세요.

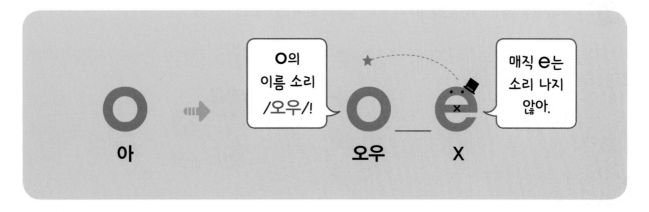

B 잘 듣고 따라 말하면서 o와 o_e의 단어를 익혀 보세요.

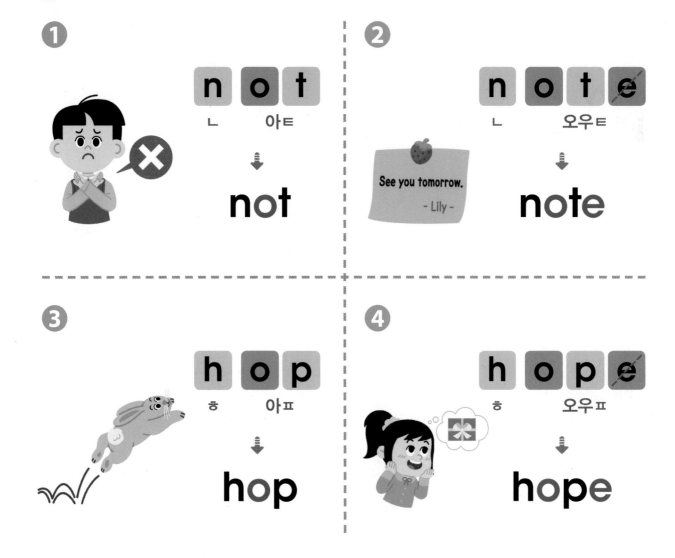

① 아니다 ② 메모 ③ 깡충깡충 뛰다 ④ 바라다   Level 2A **97**

o, o_e 단어 익히기 ①

A 스티커를 붙인 후, 단어를 리듬에 맞춰 읽어 보세요.

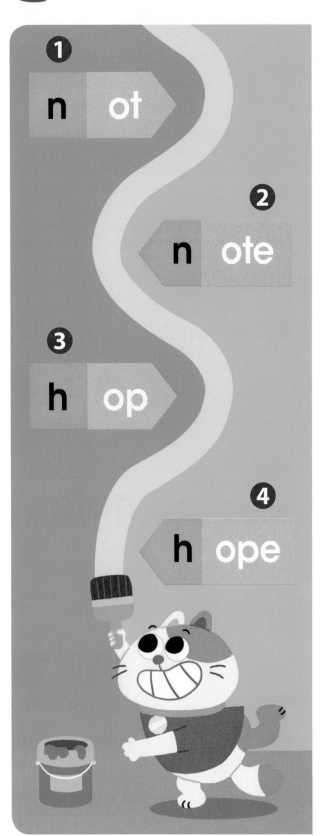

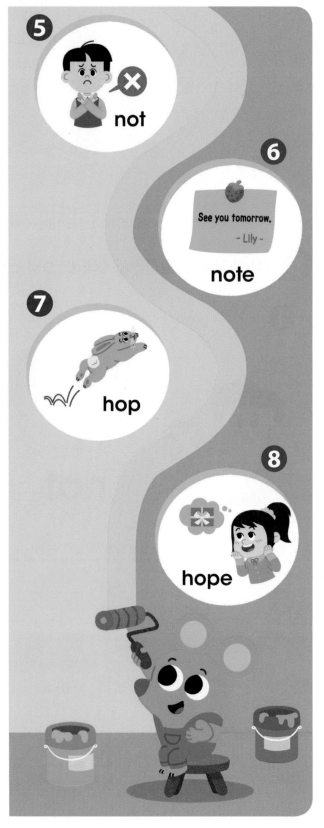

B 잘 듣고 알맞은 글자를 연결해 보세요.

1.

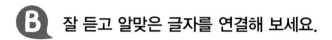

op

h

ope

2.

ot

n

ote

3.

ote

n

ot

4.

ope

h

op

3
주

o, o_e 단어 익히기 ②

A 단어를 읽고 알맞은 그림과 연결해 보세요.

B 그림을 보고 알맞은 글자에 동그라미 하고, 단어를 써 보세요.

1.

op   ope

h

2.

ot   ote

n

3.

ot   ote

n

4.

op   ope

h

5.

it   ite

k

6.

ap   ape

t

 101쪽의 단어들을 읽어 보세요.

ole, one 소리 익히기

 ole와 one이 단어 속에서 어떻게 소리 나는지 들어 보세요.

A ole와 one의 소리를 듣고 따라 말해 보세요.

오우 을

o__e
오우 X

ole
오울

①

h o l e
ㅎ   오울

↓

hole

②

m o l e
ㅁ   오울

↓

mole

오우 은

o__e
오우 X

one
오운

③

c o n e
ㅋ   오운

↓

cone

④

b o n e
ㅂ   오운

↓

bone

ole, one 단어 익히기 ①

A 스티커를 붙인 후, 단어를 리듬에 맞춰 읽어 보세요.

▶정답 18쪽

B 잘 듣고 알맞은 글자에 색칠한 후, 그림과 연결해 보세요.

1.

b	
c	one

2.

m	
h	ole

3.

b	
c	one

4.

m	
h	ole

ole, one 단어 익히기 ②

A 그림을 보고 알맞은 단어에 동그라미 해 보세요.

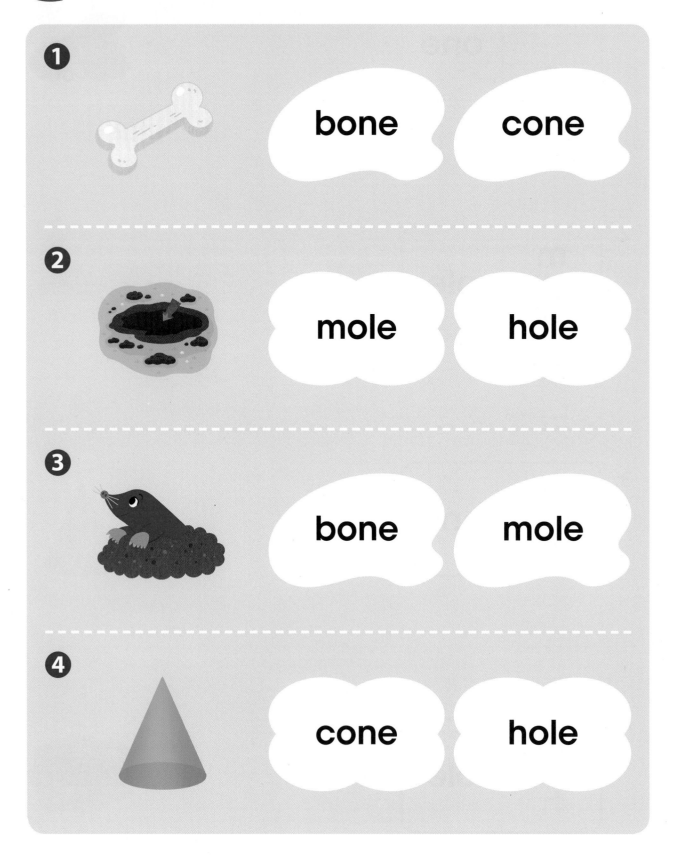

① bone   cone

② mole   hole

③ bone   mole

④ cone   hole

B 그림을 보고 글자를 알맞게 배열하여 단어를 써 보세요.

1.

2.

3.

4.

5.

6.

107쪽의 단어들을 읽어 보세요. Level 2A **107**

ote, ope 소리 익히기

📖 ote와 ope가 단어 속에서 어떻게 소리 나는지 들어 보세요.

A ote와 ope의 소리를 듣고 따라 말해 보세요.

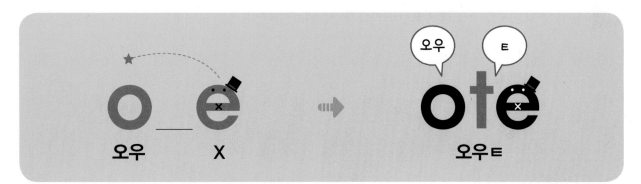

①

vote

②

note

③

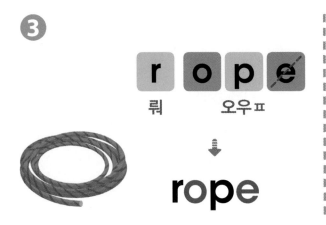

rope

④

hope

① 투표하다 ② 메모 ③ 밧줄 ④ 바라다　Level 2A **109**

ote, ope 단어 익히기 ①

A 스티커를 붙인 후, 단어를 리듬에 맞춰 읽어 보세요.

① v ote

② n ote

③ r ope

④ h ope

⑤ vote

⑥ See you tomorrow. - Lily - note

⑦ rope

⑧ hope

B 잘 듣고 알맞은 글자를 연결해 보세요.

1.

ope

r

ote

2.

ope

v

ote

3.

ote

h

ope

4.

See you tomorrow.

- Lily -

ote

n

ope

ote, ope 단어 익히기 ②

A 단어를 읽고 알맞은 그림과 연결해 보세요.

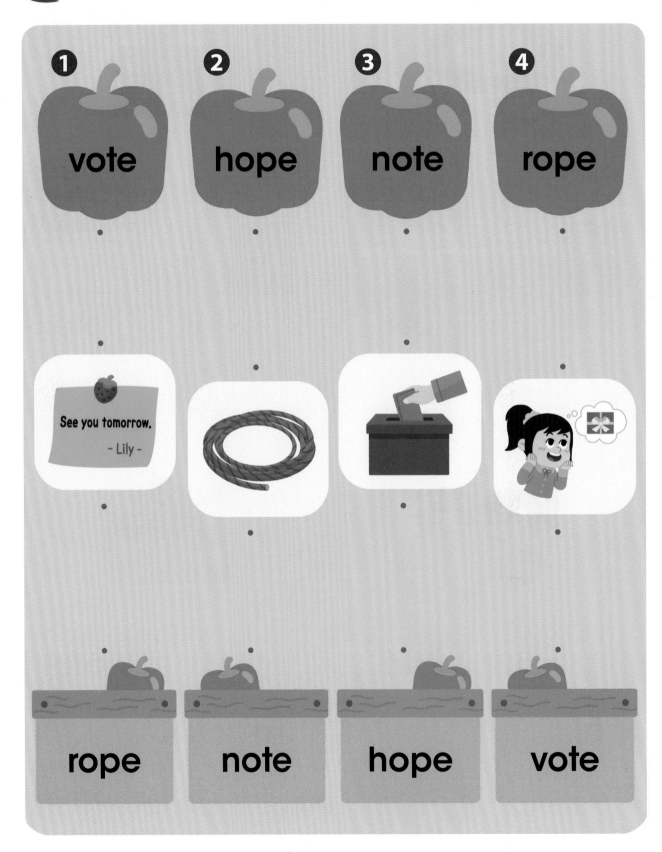

B 그림에 알맞은 단어를 찾아 동그라미 하고, 써 보세요.

1.

h o p e n o t e

2.

n o t e r o p e

3.

v o t e r o p e

4.

h o p e v o t e

복습
5.

d i v e c a v e

복습
6.

m i k e v a s e

ome, ose 소리 익히기

📖 ome와 ose가 단어 속에서 어떻게 소리 나는지 들어 보세요.

A ome와 ose의 소리를 듣고 따라 말해 보세요.

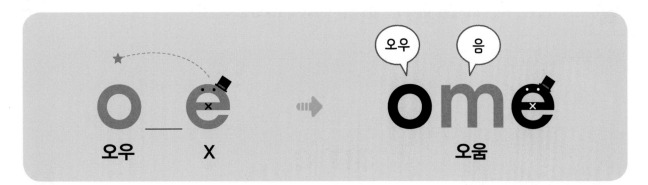

3주

①

home

②

dome

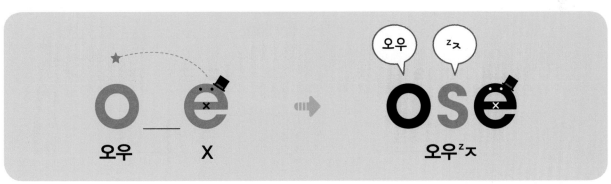

*O와 함께 있을 때 S는 Z 소리가 나.

③

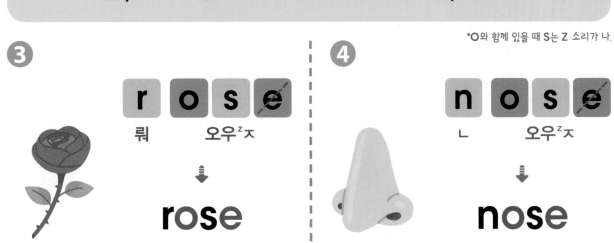

rose

④

nose

① 집 ② 반구형 모양 ③ 장미 ④ 코   Level 2A **115**

ome, ose 단어 익히기 ①

A 스티커를 붙인 후, 단어를 리듬에 맞춰 읽어 보세요.

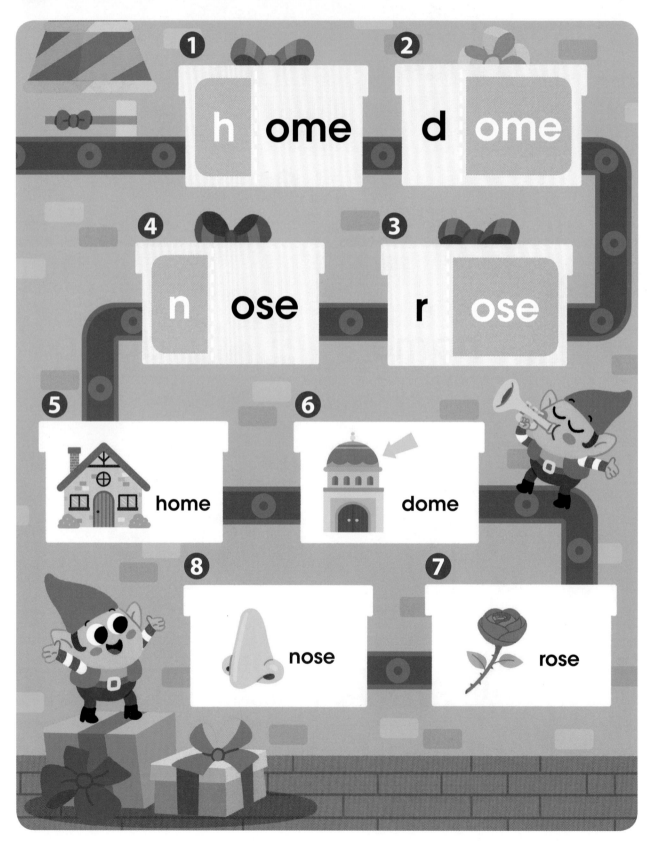

1 h ome
2 d ome
4 n ose
3 r ose
5 home
6 dome
8 nose
7 rose

B 잘 듣고 알맞은 글자에 색칠한 후, 그림과 연결해 보세요.

1.

d	ose
	ome

2.

r	ose
	ome

3.

n	ome
	ose

4.

h	ome
	ose

ome, ose 단어 익히기 ②

A 단어를 읽고 알맞은 그림에 동그라미 해 보세요.

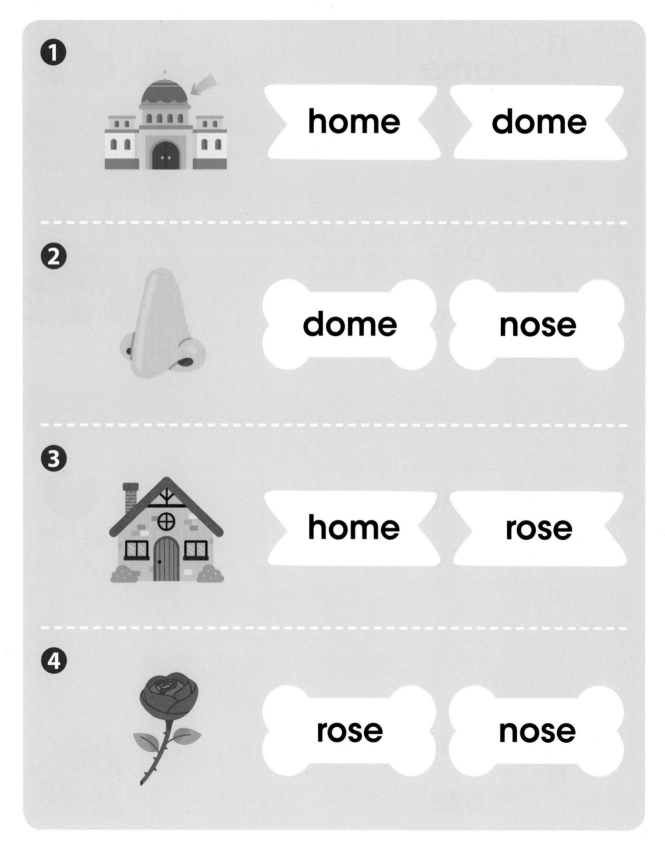

① home　dome

② dome　nose

③ home　rose

④ rose　nose

B 그림을 보고 글자를 알맞게 배열하여 단어를 써 보세요.

1.

s n o e

2.

o h e m

3.

o d m e

4.

s o e r

복습
5.

o e c n

복습
6.

d i r e

119쪽의 단어들을 읽어 보세요.   Level 2A **119**

매직 e 장모음 o_e 복습 ①

A 잘 듣고 알맞은 단어에 동그라미 해 보세요.

1 home / hope

2 note / nose

3 vote / rose

4 bone / cone

5 hole / mole

6 dome / rope

B 잘 듣고 알맞은 글자와 그림을 연결해 보세요.

1. h 　 ote 　 •

2. v 　 one 　 •

3. c 　 ole 　 •

4. h 　 ose 　 •

5. n 　 ope 　 •

매직 e 장모음 o_e 복습 ②

A 빈칸에 들어갈 알맞은 글자에 동그라미 해 보세요.

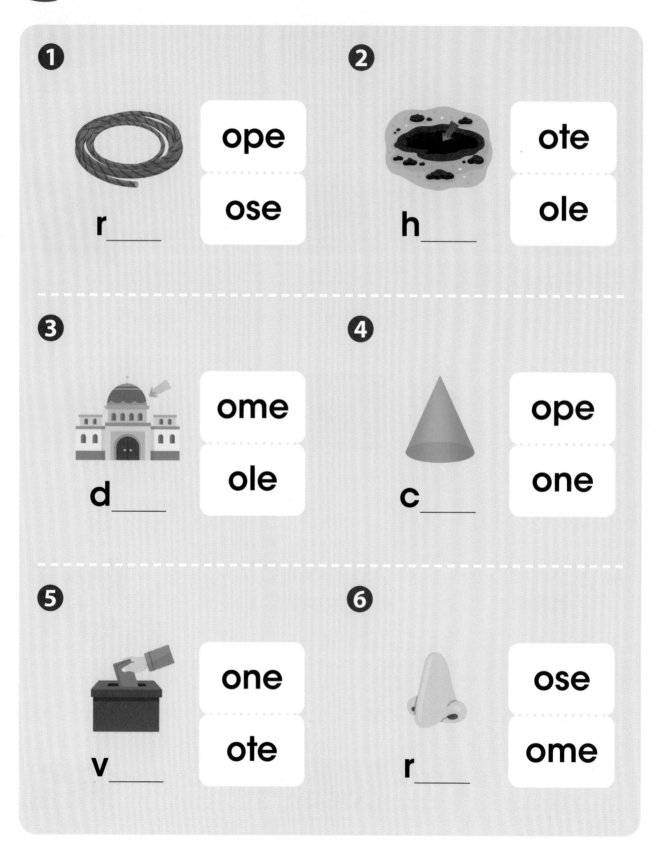

① r____ ope / ose

② h____ ote / ole

③ d____ ome / ole

④ c____ ope / one

⑤ v____ one / ote

⑥ r____ ose / ome

B 그림을 보고 알맞은 글자를 연결한 후, 단어를 써 보세요.

1.

b   ole

m   one

_____

2.

_____

3.

n   ote

h   ope

_____

4. See you tomorrow.
- Lily -

_____

5.

h   ose

r   ome

_____

6.

_____

Story Time

A 이야기를 들으며 따라 읽어 보세요.

The mole is in the dome.

I hope
I have a new home.

The mole digs a hole.

Oh, I hope
I have a dome.

Sight Word

have를 찾아라!

B have를 모두 찾아 큰 소리로 읽으며 동그라미 해 보세요.

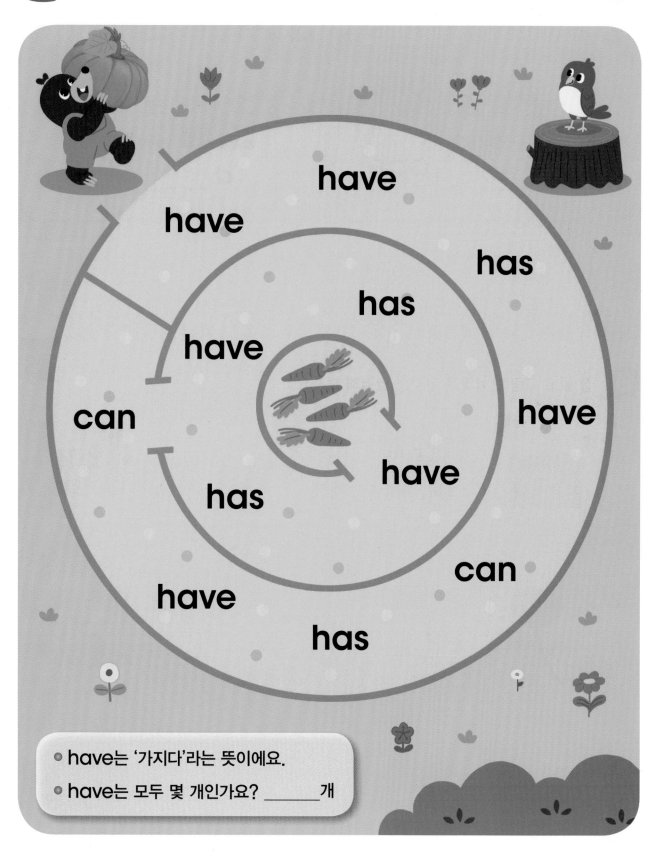

- have는 '가지다'라는 뜻이에요.
- have는 모두 몇 개인가요? _____개

A 잘 듣고 빈칸에 들어갈 글자에 동그라미 해 보세요.

1.

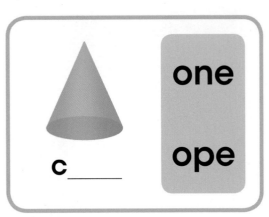

c____　　one　ope

2.

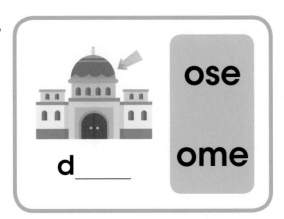

d____　　ose　ome

B 잘 듣고 그림에 알맞은 글자를 연결해 보세요.

1. 　v　　　　ote

2. 　r　　　　ole

3. 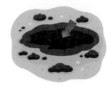　h　　　　ose

단어를 읽고 알맞은 그림에 동그라미 해 보세요.

1. rope

2. nose

3. mole

 그림에 알맞은 글자를 골라 단어를 써 보세요.

1.

ope   ome

h

2.

ote   ose

n

3주특강

Brain Game

🎵 줄을 따라가며 모음 o_e의 소리를 복습해 보세요.

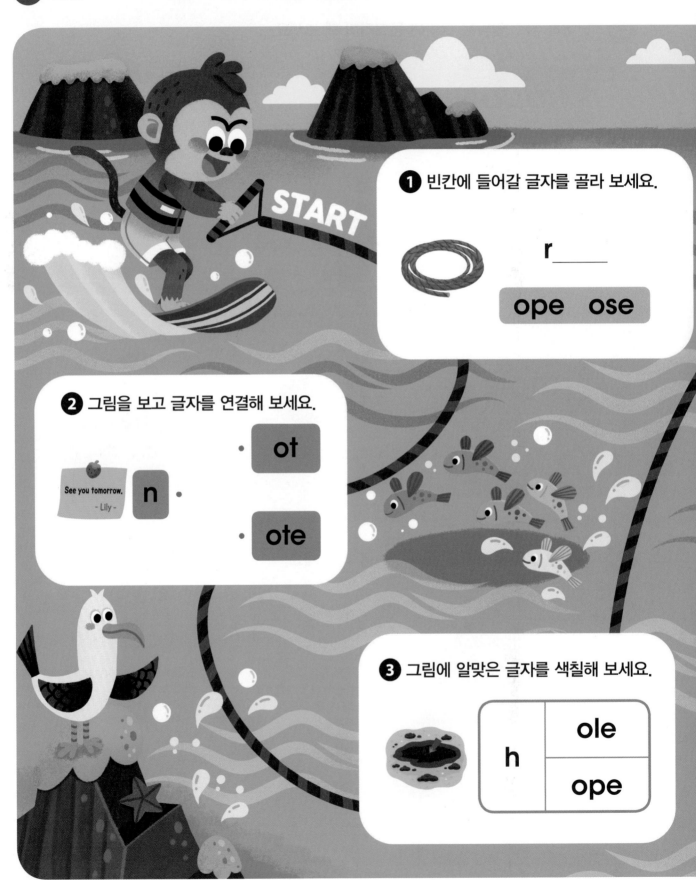

START

❶ 빈칸에 들어갈 글자를 골라 보세요.

r_____

ope ose

❷ 그림을 보고 글자를 연결해 보세요.

See you tomorrow.
- Lily -

n ·

· ot

· ote

❸ 그림에 알맞은 글자를 색칠해 보세요.

h

ole

ope

▶정답 23쪽

4 단어를 읽고 그림을 골라 보세요.

cone

5 그림에 알맞은 단어를 연결해 보세요.

· hope

· home

6 알맞은 글자를 골라 단어를 써 보세요.

ote   ose

n

FINISH

A 모음이 '알파벳 이름 소리'인 단어 세 개가 가로, 세로 또는 대각선 방향으로 한 줄이 되게 빙고판에 선을 그어 보세요. 각각 몇 줄인가요?

1

nose	hop	bone
rope	vote	dome
not	hole	hope

_____줄

2

_____줄

note	hole	rose
vote	not	mole
cone	home	hope

▶정답 24쪽

B 규칙을 찾아 빈칸에 들어갈 그림을 그려 보세요.

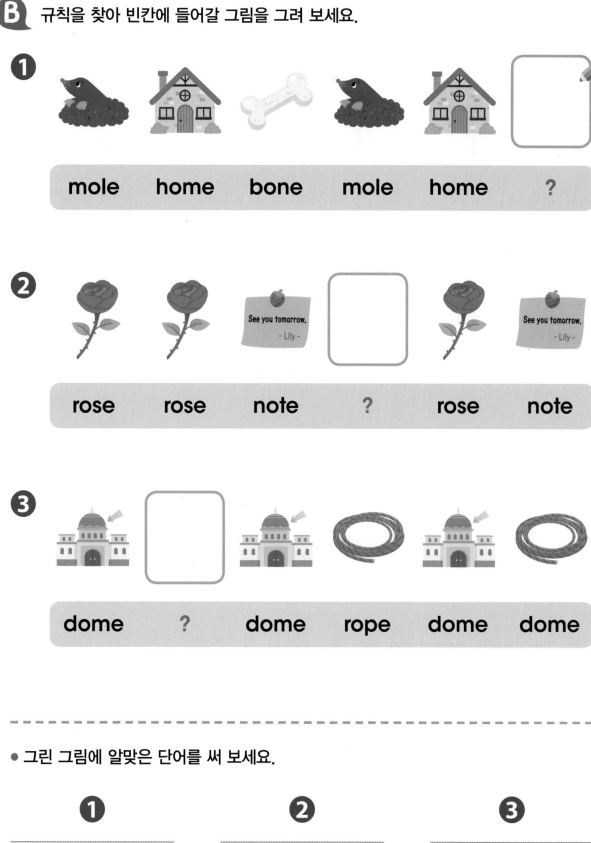

①

| mole | home | bone | mole | home | ? |

②

| rose | rose | note | ? | rose | note |

③

| dome | ? | dome | rope | dome | dome |

● 그린 그림에 알맞은 단어를 써 보세요.

❶

❷

❸

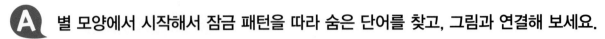

A 별 모양에서 시작해서 잠금 패턴을 따라 숨은 단어를 찾고, 그림과 연결해 보세요.

❶
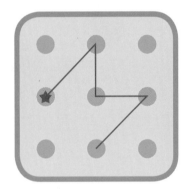

★ r t
c o p ·
l e s

·

❷
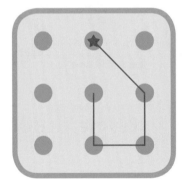

p b d
★ o n ·
r e s

·

❸
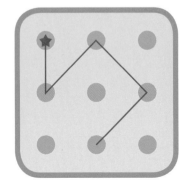

b ★ l
n e v ·
h t o

·

❹
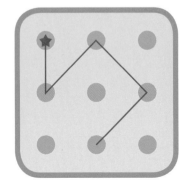

★ o s
m p l ·
c e h

·

▶정답 24쪽

B 그림을 보고 다트판에서 알맞은 글자를 찾아 완성된 단어를 써 보세요.

3
주

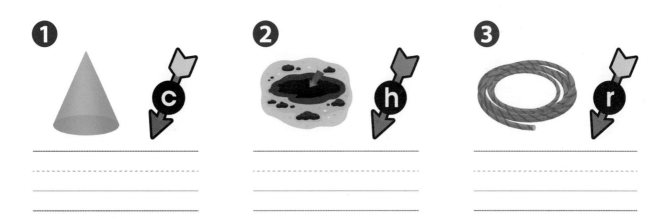

① c

② h

③ r

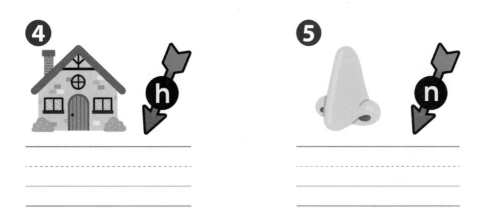

④ h

⑤ n

매직 e는 앞에 있는 모음 a, i, o, u의 소리를 이름 소리로 변하게 해요.
알맞은 스티커를 붙여 보세요.

Quiz

/유-/로 소리나는 글자를 찾아
동그라미 해 보세요.

u, u_e 소리 복습하기

📖 u와 u_e가 단어 속에서 어떻게 소리 나는지 들어 보세요.

동영상

A u와 u_e의 소리를 듣고 따라 말해 보세요.

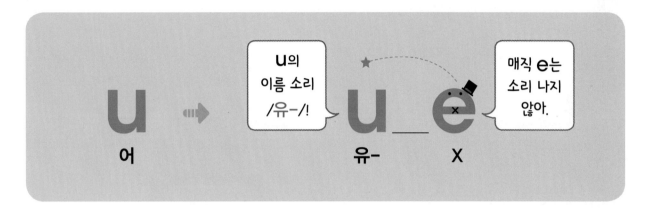

u
어

→

u의 이름 소리 /유-/!

u_e
유-   X

매직 e는 소리 나지 않아.

B 잘 듣고 따라 말하면서 u와 u_e의 단어를 익혀 보세요.

①

t u b
ㅌ 어브
↓
tub

②
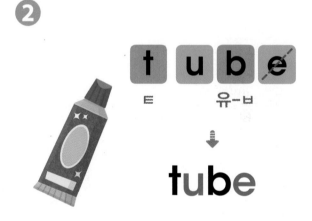
t u b e
ㅌ 유-ㅂ
↓
tube

③

c u t
ㅋ 어ㅌ
↓
cut

④
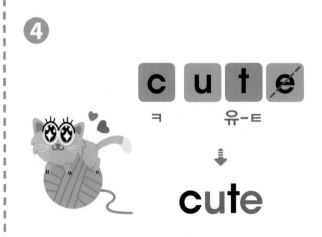
c u t e
ㅋ 유-ㅌ
↓
cute

① 욕조 ② 튜브, 통 ③ 자르다 ④ 귀여운

u, u_e 단어 익히기 ①

 스티커를 붙인 후, 단어를 리듬에 맞춰 읽어 보세요.

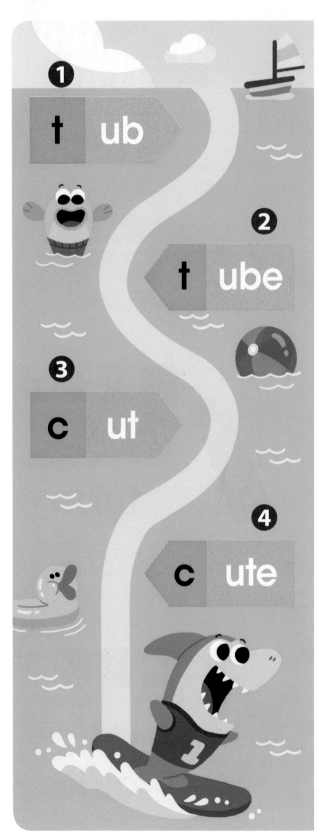

1 t ub

2 t ube

3 c ut

4 c ute

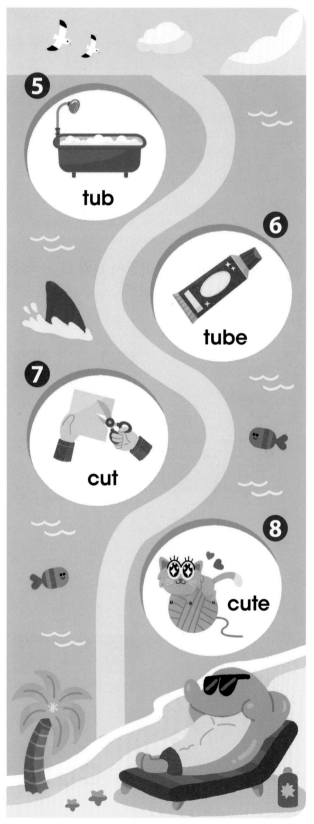

5 tub

6 tube

7 cut

8 cute

B 잘 듣고 알맞은 글자를 연결해 보세요.

1.

c

ut

ute

2.

t

ub

ube

3.

t

ub

ube

4.

c

ut

ute

4
주

u, u_e 단어 익히기 ②

 단어를 읽고 알맞은 그림과 연결해 보세요.

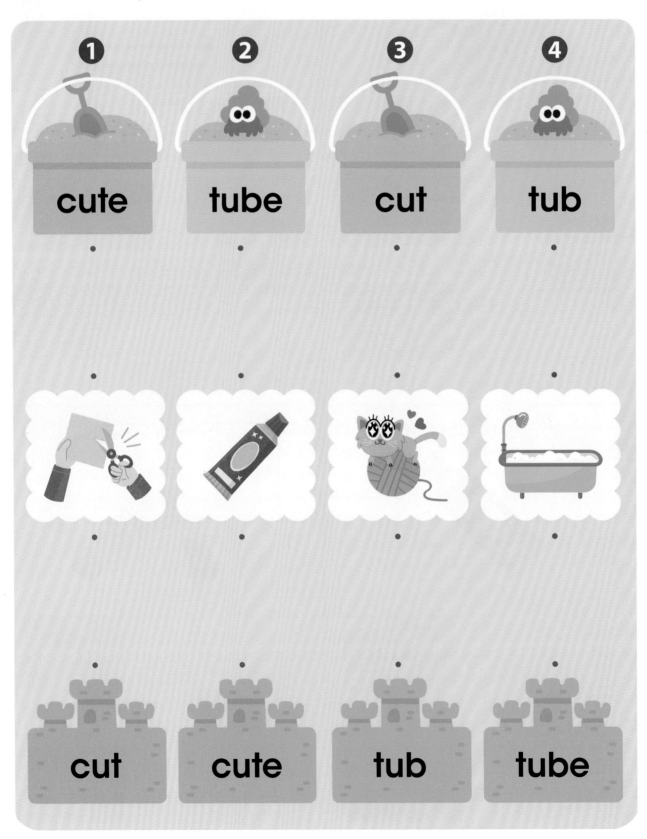

① cute   **②** tube   **③** cut   **④** tub

cut   cute   tub   tube

B 그림을 보고 알맞은 글자에 동그라미 하고, 단어를 써 보세요.

1.

ut	ute

c

2.

ub	ube

t

3.

ub	ube

t

4.

ut	ute

c

복습
5.

op	ope

h

복습
6.

in	ine

p

 143쪽의 단어들을 읽어 보세요.

ube, ute 소리 익히기

ube와 ute가 단어 속에서 어떻게 소리 나는지 들어 보세요.

A ube와 ute의 소리를 듣고 따라 말해 보세요.

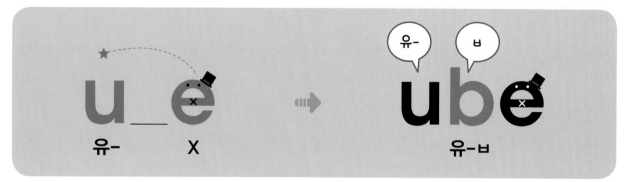

①

c u b e
ㅋ 유-ㅂ
↓
cube

②

t u b e
ㅌ 유-ㅂ
↓
tube

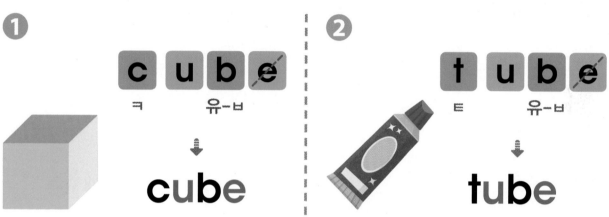

③

c u t e
ㅋ 유-ㅌ
↓
cute

④

m u t e
ㅁ 유-ㅌ
↓
mute

① 정육면체 ② 튜브, 통 ③ 귀여운 ④ 소리가 없는

ube, ute 단어 익히기 ①

A 스티커를 붙인 후, 단어를 리듬에 맞춰 읽어 보세요.

B 잘 듣고 알맞은 글자에 색칠한 후, 그림과 연결해 보세요.

1.

c	ube
t	

•

•

2.

m	ute
c	

•

•

3.

t	ube
c	

•

•

4.

m	ute
h	

•

•

ube, ute 단어 익히기 ①

A 그림을 보고 알맞은 단어에 동그라미 해 보세요.

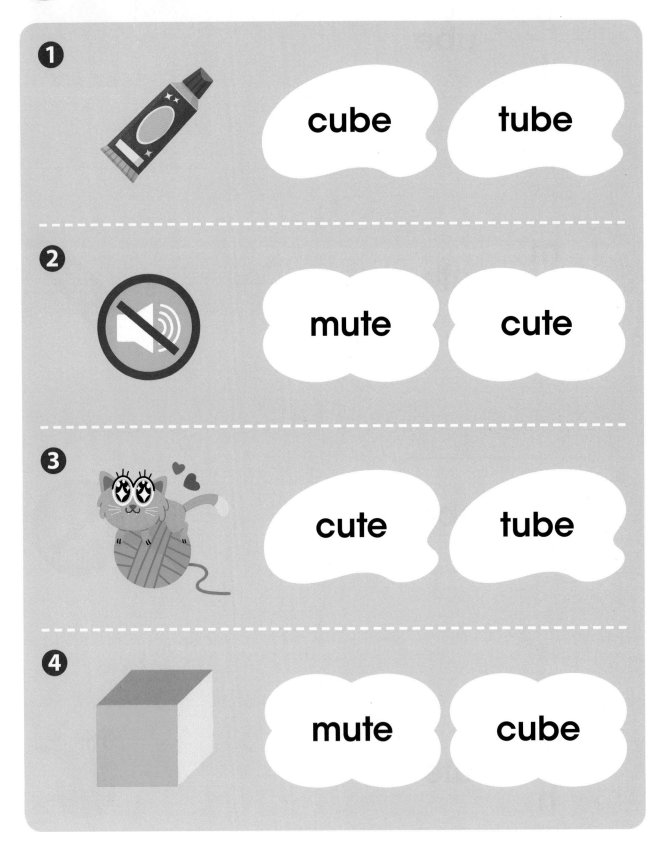

1. cube / tube
2. mute / cute
3. cute / tube
4. mute / cube

B 그림을 보고 글자를 알맞게 배열하여 단어를 써 보세요.

1.

 u t e m

_____

2.

 c u e b

_____

3.

 t u c e

_____

4.

 u b t e

_____

복습
5.

  o e r p

_____

복습
6.

   g m a e

_____

149쪽의 단어들을 읽어 보세요. Level 2A **149**

매직 e 장모음 소리 익히기

📖 매직 e 장모음이 단어 속에서 어떻게 소리 나는지 들어 보세요.

A 모음들의 소리를 비교하며 듣고 따라 말해 보세요.

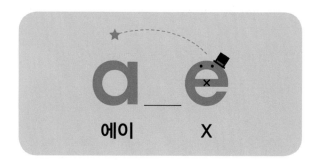

에이   X

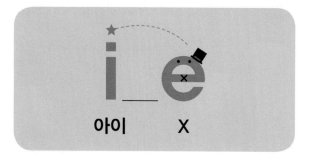

아이   X

①

cane   **bake**

ㅋ 에인   ㅂ 에이ㅋ

②

kite   **bike**

ㅋ 아이ㅌ   ㅂ 아이ㅋ

③

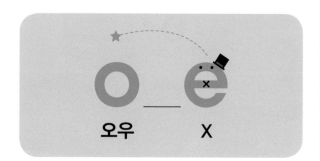

오우   X

See you tomorrow.
- Lily -

cone   **note**

ㅋ 오운   ㄴ 오우ㅌ

④

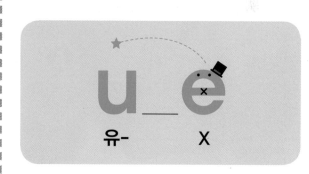

유-   X

cute   **mute**

ㅋ 유-ㅌ   ㅁ 유-ㅌ

① 지팡이, 굽다 ② 연, 자전거 ③ 원뿔 모양, 메모 ④ 귀여운, 소리가 없는

매직 e 장모음 단어 익히기 ①

A 스티커를 붙인 후, 단어를 리듬에 맞춰 읽어 보세요.

① b | ake

② b | ike

④ c | one

③ c | ane

⑤ k | ite

⑥ c | ute

⑦ n | ote

⑧ m | ute

B 잘 듣고 그림에 알맞은 글자를 연결해 보세요.

1.

| c | ute |
| n | ote |

2.

3.

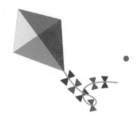

| k | ake |
| b | ite |

4.

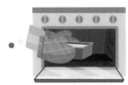

5.

| c | ike |
| b | one |

6.

매직 e 장모음 단어 익히기 ②

A 그림을 보고 알맞은 단어에 동그라미 해 보세요.

1
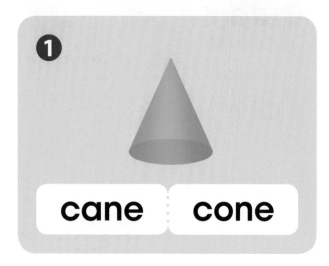

cane　cone

2
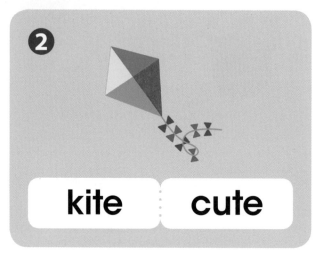

kite　cute

3

mute　cute

4

bake　bike

5

bike　cone

6

note　cane

▶정답 28쪽

B 그림에 알맞은 단어를 찾아 동그라미 하고, 써 보세요.

1.

cutemute

_____

2.

conebike

_____

3.

See you tomorrow.
- Lily -

bakenote

_____

4.

canekite

_____

5.

kitecute

_____

6.

notecone

_____

155쪽의 단어들을 읽어 보세요.

단모음, 장모음 소리 익히기

📖 모음들이 단어 속에서 어떻게 소리 나는지 들어 보세요.

A 단모음과 장모음의 소리를 듣고 따라 말해 보세요.

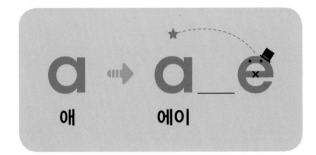

a → a_e

애 에이

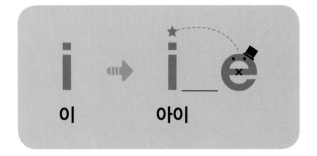

i → i_e

이 아이

①

cap **cape**

ㅋ 애ㅍ ㅋ 에이ㅍ

②

win **wine**

워 인 워 아인

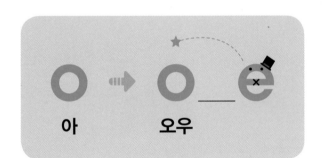

o → o_e

아 오우

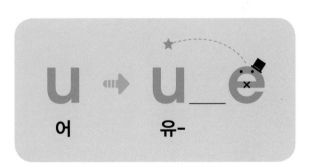

u → u_e

어 유-

③

hop **hope**

ㅎ 아ㅍ ㅎ 오우ㅍ

④

cub **cube**

ㅋ 어ㅂ ㅋ 유-ㅂ

① 모자, 망토 ② 이기다, 와인 ③ 깡충깡충 뛰다, 바라다 ④ 동물의 새끼, 정육면체 Level 2A **157**

4일 PHONICS

단모음, 장모음 단어 익히기 ①

A 스티커를 붙인 후, 단어를 리듬에 맞춰 읽어 보세요.

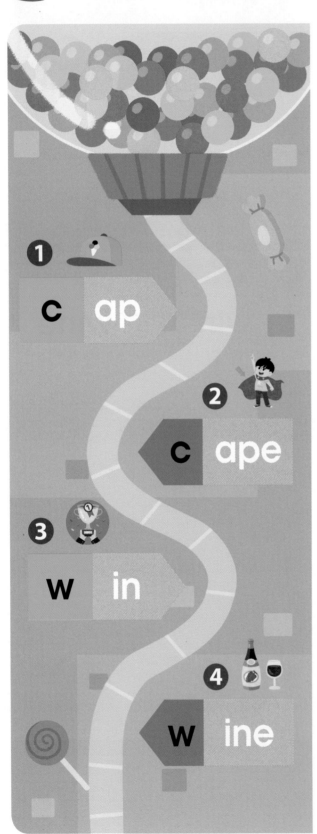

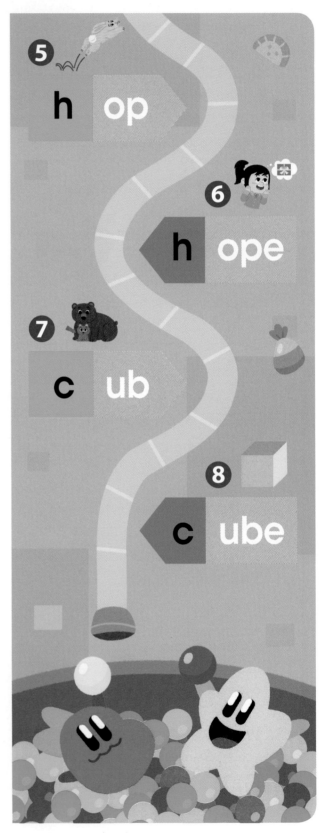

1 c ap
2 c ape
3 w in
4 w ine
5 h op
6 h ope
7 c ub
8 c ube

B 잘 듣고 그림에 알맞은 글자를 연결해 보세요.

1.

h	in
w	op

2.

3.

h	ope
c	ube

4.

4
주

5.

w	ape
c	ine

6.

단모음, 장모음 단어 익히기 ②

A 그림을 보고 알맞은 단어에 동그라미 해 보세요.

① cub　cube

② hop　hope

③ cap　cape

④ win　wine

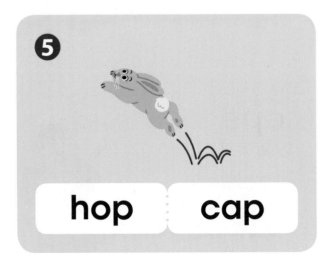

⑤ hop　cap

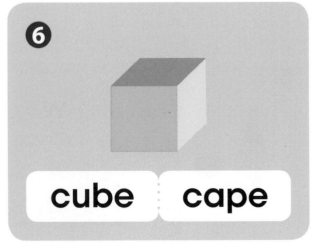

⑥ cube　cape

B 그림을 보고 글자를 알맞게 배열하여 단어를 써 보세요.

1.

p a c

_____

2.

u c e b

_____

3.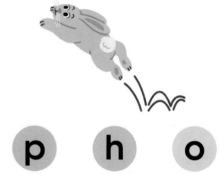

p h o

_____

4.

p c a e

_____

5.

i n w

_____

6.

p o h e

_____

161쪽의 단어들을 읽어 보세요.

5일 Review 매직 e 장모음 복습 ①

A 잘 듣고 알맞은 단어에 동그라미 해 보세요.

1
cape
bake

2
kite
wine

3
cone
hope

4
tube
cute

5
mute
cane

6
See you tomorrow.
- Lily -
bike
note

▶정답 29쪽

B 잘 듣고 알맞은 글자와 그림을 연결해 보세요.

1. b   ike

2. c   ine

3. w   ope

4. c   ape

5. h   ube

매직 e 장모음 복습 ②

A 빈칸에 들어갈 알맞은 글자에 동그라미 해 보세요.

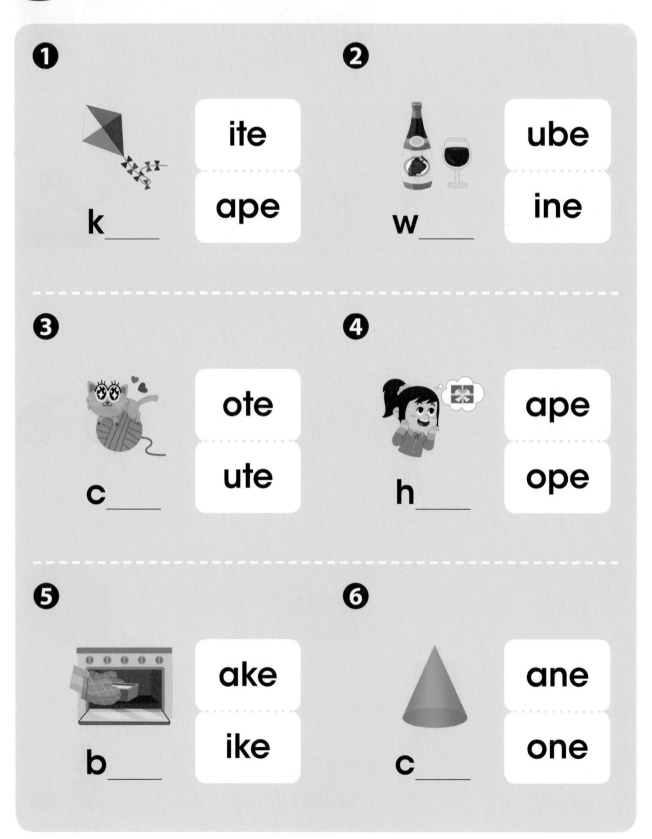

❶ k___
ite
ape

❷ w___
ube
ine

❸ c___
ote
ute

❹ h___
ape
ope

❺ b___
ake
ike

❻ c___
ane
one

B 그림을 보고 알맞은 글자를 연결한 후, 단어를 써 보세요.

1.

c	ike
b	ape

2.

3.

n	ube
t	ote

4.

See you tomorrow.
- Lily -

5.

m	ute
c	ane

6.

4
주

Story Time

A 이야기를 들으며 따라 읽어 보세요.

1

I have a cube.
Who has a rope?

2

I have a rope.
Who has a cape?

3

I have a cape.
Who has a bike?

4

I have a bike.
Let's go!

Sight Word

who를 찾아라!

B who를 모두 찾아 큰 소리로 읽으며 동그라미 해 보세요.

- who는 '누구'라는 뜻이에요.
- who는 모두 몇 개인가요? _____개

A 잘 듣고 빈칸에 들어갈 글자에 동그라미 해 보세요.

1.

n_____ | ote / ane

2.

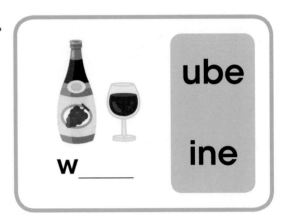

w_____ | ube / ine

B 잘 듣고 그림에 알맞은 글자를 연결해 보세요.

1.    c   ake

2.    b   ope

3.    h   ute

단어를 읽고 알맞은 그림에 동그라미 해 보세요.

1. kite

2. cone

3. tube

 그림에 알맞은 글자를 골라 단어를 써 보세요.

1.

ape   ute

c

2.

ake   ike

b

Brain Game

〰️ 길을 따라가며 매직 e 장모음의 소리를 복습해 보세요.

START

❶ 빈칸에 들어갈 글자를 골라 보세요.

m____

ube   ute

❷ 그림을 보고 글자를 연결해 보세요.

ake

b ·

ike

❸ 그림에 알맞은 글자를 색칠해 보세요.

k	ine
	ite

▶정답 31쪽

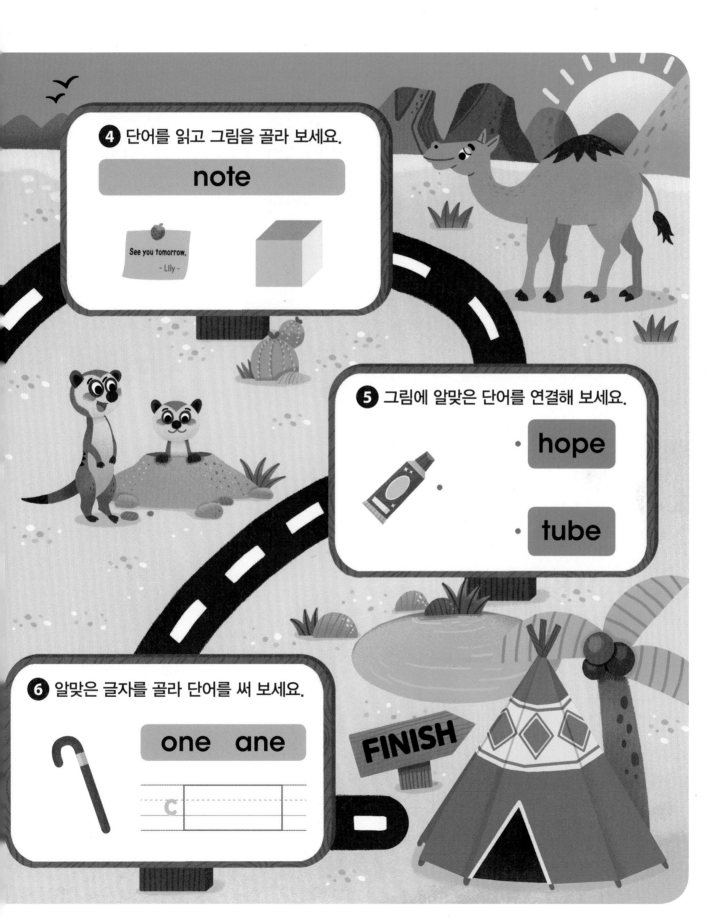

4 단어를 읽고 그림을 골라 보세요.

note

5 그림에 알맞은 단어를 연결해 보세요.

· hope

· tube

6 알맞은 글자를 골라 단어를 써 보세요.

one ane

c

FINISH

A 모음의 소리가 '알파벳의 이름 소리'와 같은 단어를 따라 길을 찾아가 보세요.

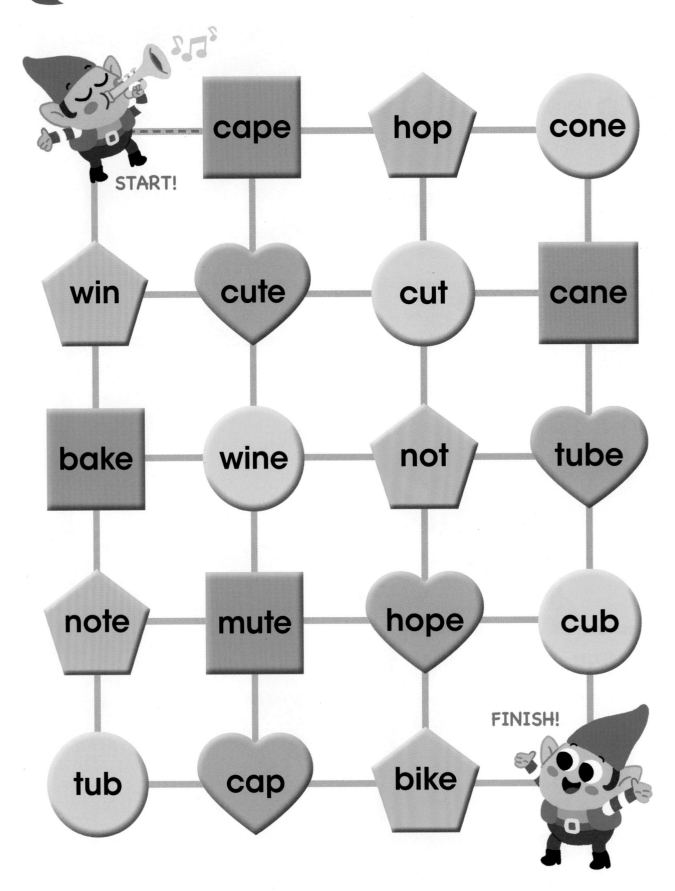

START!

cape — hop — cone

win — cute — cut — cane

bake — wine — not — tube

note — mute — hope — cub

FINISH!

tub — cap — bike

▶정답 32쪽

B 모음의 소리가 <u>다른</u> 그림 하나를 찾아 X표 해 보세요.

1

a_e

c__n__

b__k__   c__t__

2

i_e

c__n__

w__n__   b__k__

3

o_e

h__p__

See you tomorrow.
- Lily -

c__p__   n__t__

4

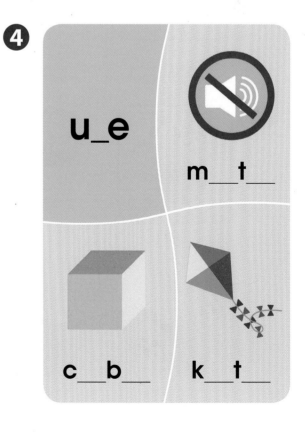

u_e

m__t__

c__b__   k__t__

4
주

A 단어에서 글자를 하나 바꾸면 다른 그림이 돼요. 어떤 글자인지 동그라미 해 보세요.

1

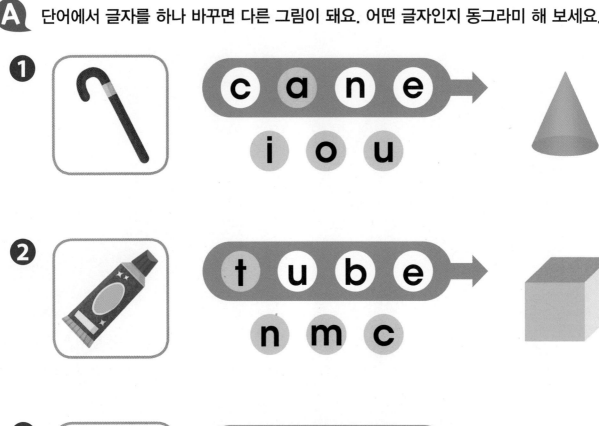

c a n e →
　 i o u

2

t u b e →
　 n m c

3

b i k e →
　 o a u

4

c u t e →
　 b h m

▶정답 32쪽

B 모양이 같은 퍼즐 조각을 찾아 단어를 쓰고, 그림과 연결해 보세요.

①

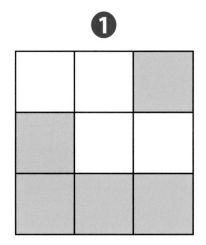

●

②

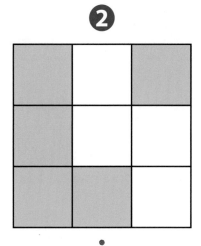

●

③

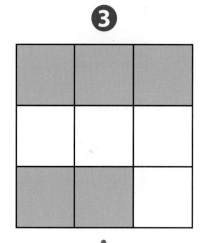

●

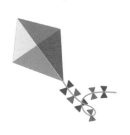

●

●

●

그림을 보고 단어를 큰 소리로 읽어 보세요.

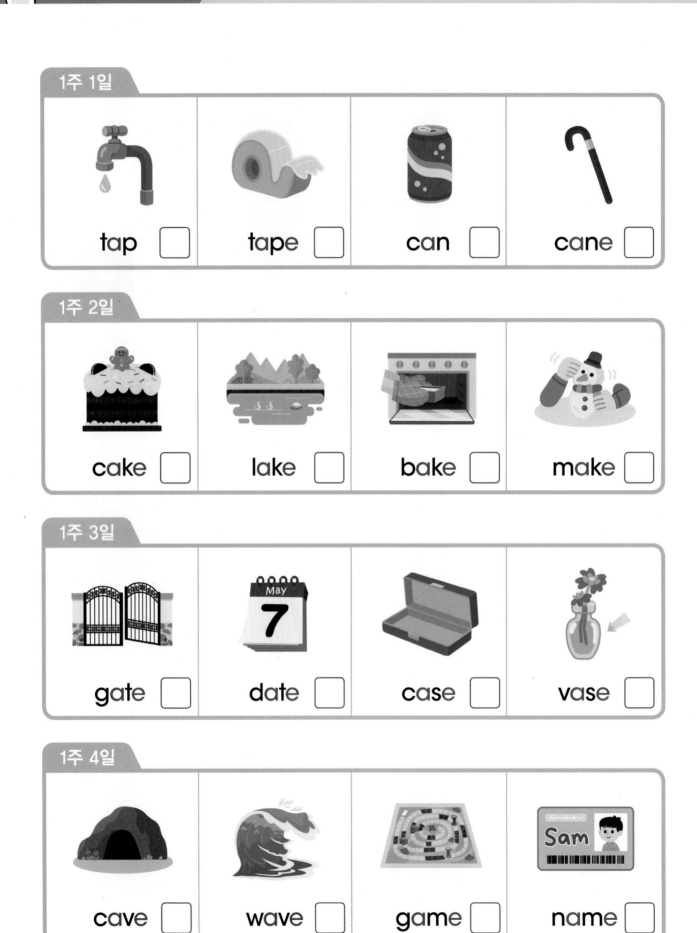

1주 1일

tap ☐ tape ☐ can ☐ cane ☐

1주 2일

cake ☐ lake ☐ bake ☐ make ☐

1주 3일

gate ☐ date ☐ case ☐ vase ☐

1주 4일

cave ☐ wave ☐ game ☐ name ☐

2주 1일

kit ☐	kite ☐	pin ☐	pine ☐

2주 2일

pine ☐	vine ☐	nine ☐	line ☐

2주 3일

time ☐	lime ☐	bike ☐	mike ☐

2주 4일

dive ☐	five ☐	hide ☐	ride ☐

그림을 보고 단어를 큰 소리로 읽어 보세요.

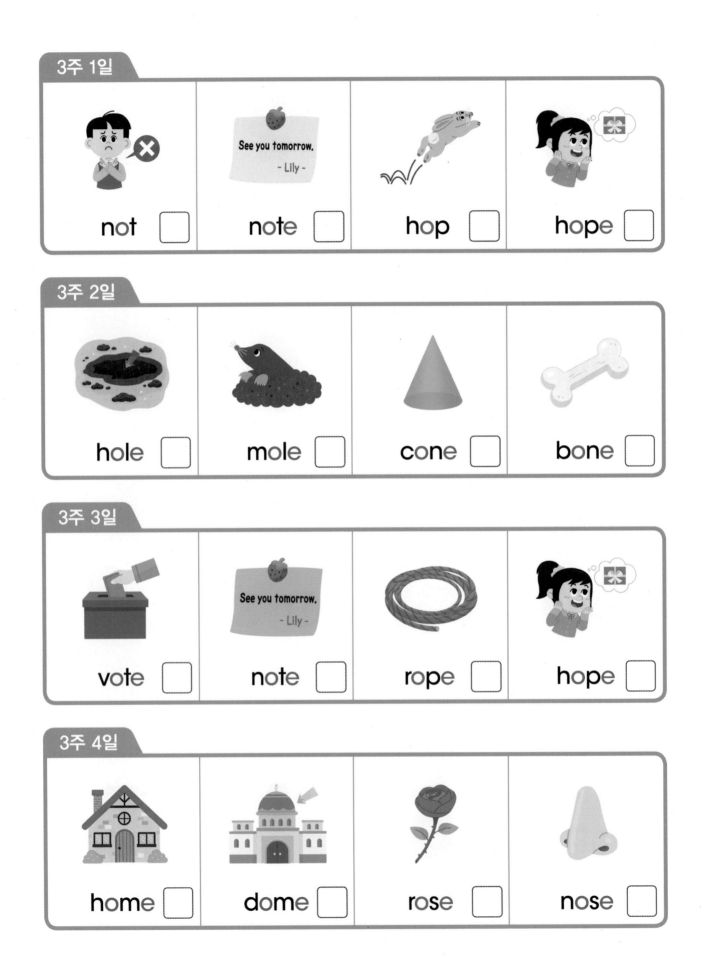

3주 1일

not ☐　note ☐　hop ☐　hope ☐

3주 2일

hole ☐　mole ☐　cone ☐　bone ☐

3주 3일

vote ☐　note ☐　rope ☐　hope ☐

3주 4일

home ☐　dome ☐　rose ☐　nose ☐

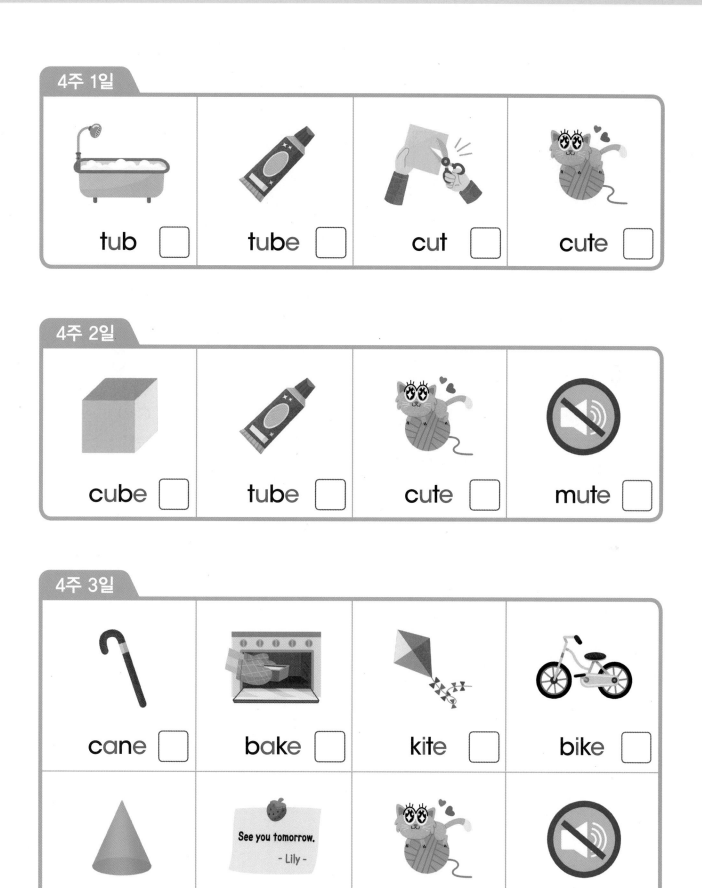

4주 1일

tub ☐	tube ☐	cut ☐	cute ☐

4주 2일

cube ☐	tube ☐	cute ☐	mute ☐

4주 3일

cane ☐	bake ☐	kite ☐	bike ☐
cone ☐	note ☐	cute ☐	mute ☐

See you tomorrow.
- Lily -

4주 4일

cap ☐	cape ☐	win ☐	wine ☐
hop ☐	hope ☐	cub ☐	cube ☐

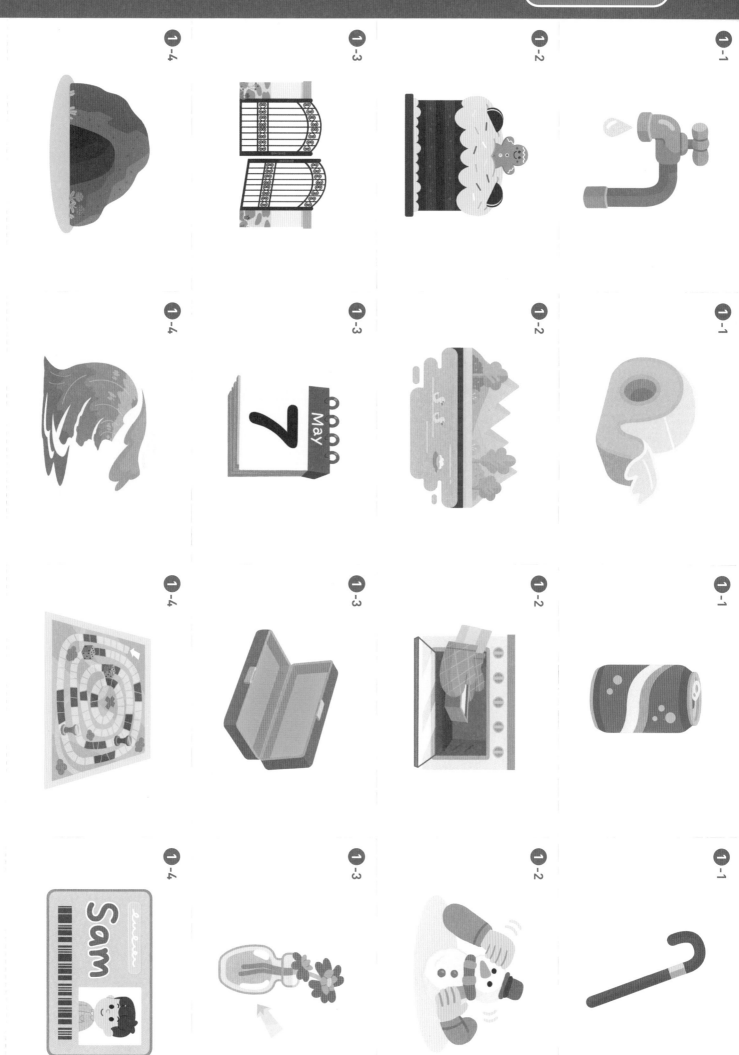

tap	tape	can	cane
cake	lake	bake	make
gate	date	case	vase
cave	wave	game	name

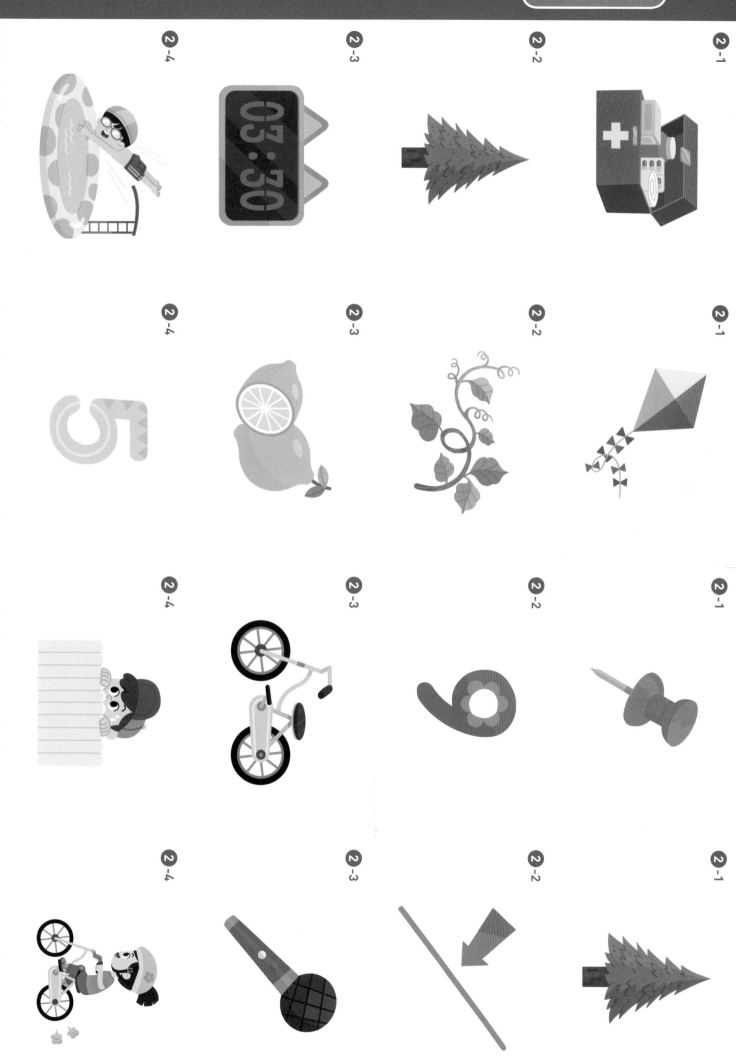

kit	kite	pin	pine
pine	vine	nine	line
time	lime	bike	mike
dive	five	hide	ride

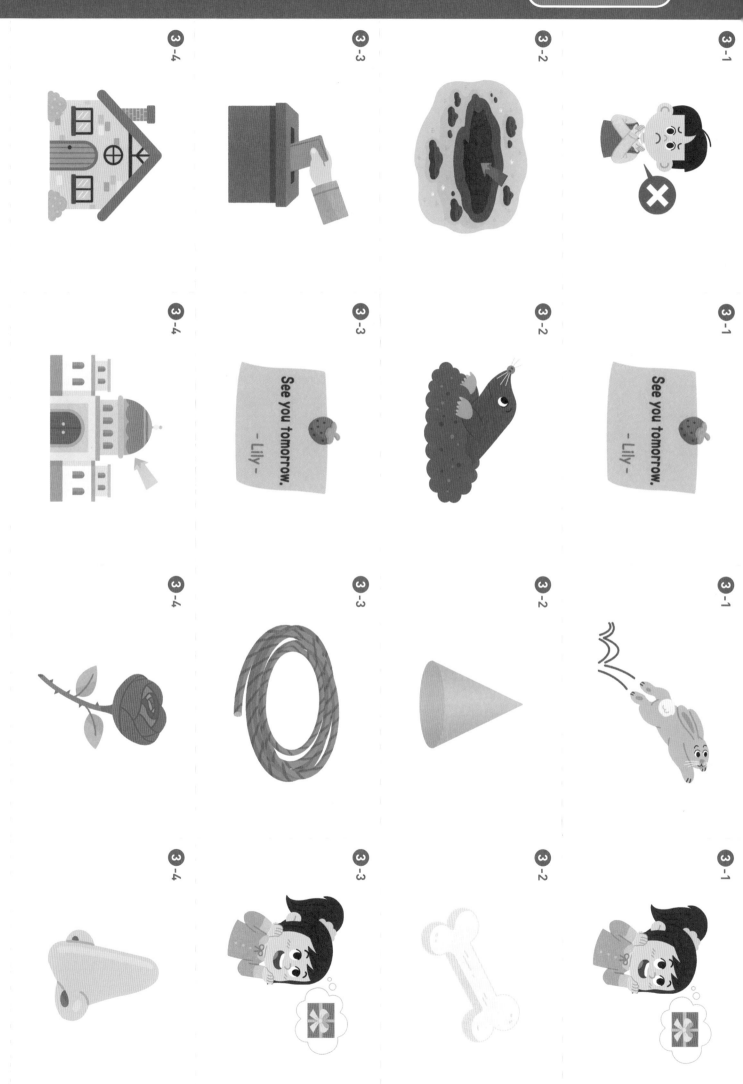

not	note	hop
hole	mole	cone
vote	note	rope
home	dome	rose

hope	
bone	
hope	
nose	

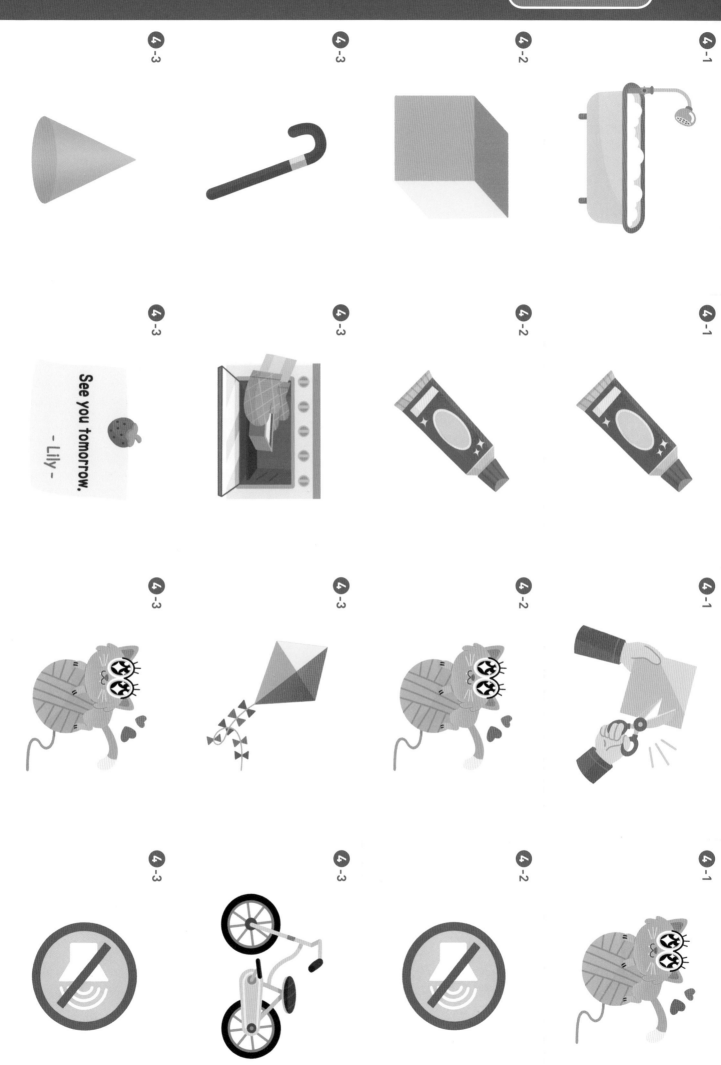

tub	tube	cut	cute
cube	tube	cute	mute
cane	bake	kite	bike
cone	note	cute	mute

cap

hop

cape

hope

win

cub

wine

cube

1주 1일 10~11쪽

a e̸ a e̸ a e̸ a e̸

a e̸ a e̸ a e̸

1주 1일 14쪽

ap an

ape ane

1주 2일 20쪽

c b ake ake

1주 3일 26쪽

g c ate ase

1주 4일 32쪽

c ave

g ame

1주 5일 49쪽

2주 1일 52~53쪽

i e̸ i e̸ i e̸

i e̸ i e̸ i e̸

2주 1일 56쪽

it in
ite ine

2주 2일 62쪽

p n ine ine

2주 3일 68쪽

t ime
b ike

2주 4일 74쪽

d h ive ide

3주 1일 94~95쪽

o é
o é
o é
o é
o é
o é

3주 1일 98쪽

ot ote
op ope

3주 2일 104쪽

h b ole one

3주 3일 110쪽

v ote
r ope

3주 4일 116쪽

h　n　ome　ose

4주 1일 136~137쪽

i　e　o　e
a　e　u　e

4주 1일 140쪽

ub　ube
ut　ute

4주 2일 146쪽

t　c
ube　ute

4주 3일 152쪽

ake　ane　ute
ite　ike　ute
one　ote

4주 4일 158쪽

ap　in　ape　ine
op　ub　ope　ube

친절한 말은 아주 짧기 때문에
말하기가 쉽다.

하지만 그 말의 메아리는 무궁무진하게
울려 퍼지는 법이다.

Kind words can be short and easy to speak,
but their echoes are truly endless.

테레사 수녀

친절한 말, 따뜻한 말 한마디는 누군가에게 커다란 힘이 될 수도 있어요.
나쁜 말 대신 좋은 말을 하게 되면 언젠가 나에게 보답으로 돌아온답니다.
앞으로 나쁘고 거친 말 대신 좋고 예쁜 말만 쓰기로 우리 약속해요!

뭘 좋아할지 몰라 다 준비했어♥
전과목 교재

전과목 시리즈 교재

●무등생 해법시리즈
– 국어/수학	1~6학년, 학기용
– 사회/과학	3~6학년, 학기용
– 봄·여름/가을·겨울	1~2학년, 학기용
– SET(전과목/국수, 국사과)	1~6학년, 학기용

●무등생 전과
– 국어/수학/봄·여름(1학기)/가을·겨울(2학기)	1~2학년, 학기용
– 국어/수학/사회/과학	3~6학년, 학기용

●똑똑한 하루 시리즈
– 똑똑한 하루 독해	예비초~6학년, 총 14권
– 똑똑한 하루 글쓰기	예비초~6학년, 총 14권
– 똑똑한 하루 어휘	예비초~6학년, 총 14권
– 똑똑한 하루 수학	1~6학년, 학기용
– 똑똑한 하루 계산	1~6학년, 학기용
– 똑똑한 하루 사고력	1~6학년, 학기용
– 똑똑한 하루 도형	1~6단계, 총 6권
– 똑똑한 하루 사회/과학	3~6학년, 학기용
– 똑똑한 하루 Voca	3~6학년, 학기용
– 똑똑한 하루 Reading	초3~초6, 학기용
– 똑똑한 하루 Grammar	초3~초6, 학기용
– 똑똑한 하루 Phonics	예비초~초등, 총 8권

영어 교재

●초등영어 교과서 시리즈
파닉스(1~4단계)	3~6학년, 학년용
회화(입문1~2, 1~6단계)	3~6학년, 학기용
영단어(1~4단계)	3~6학년, 학년용

●셀파 English(어휘/회화/문법)	3~6학년
●Reading Farm(Level 1~4)	3~6학년
●Grammar Town(Level 1~4)	3~6학년
●LOOK BOOK 영단어	3~6학년, 단행본
●원서 읽는 LOOK BOOK 영단어	3~6학년, 단행본
●멘토 Story Words	2~6학년, 총 6권

똑똑한

하루
Phonics

정답

매일매일
쌓이는
영어 기초력

2 A
매직 e 장모음

천재교육

1주 미리보기

1주 이번 주에는 무엇을 배울까? ❷

매직 e는 앞에 있는 모음 a의 소리를 /에이/로 변하게 해요. 알맞은 스티커를 붙여 보세요.

Quiz
/에이/로 소리 나는 글자를 모두 찾아 동그라미 해 보세요.

10 똑똑한 하루 Phonics

Level 2A 11

1주 1일

1일 PHONICS a, a_e 단어 익히기 ①

Ⓐ 스티커를 붙인 후, 단어를 리듬에 맞춰 읽어 보세요.

Ⓑ 잘 듣고 알맞은 글자를 연결해 보세요.

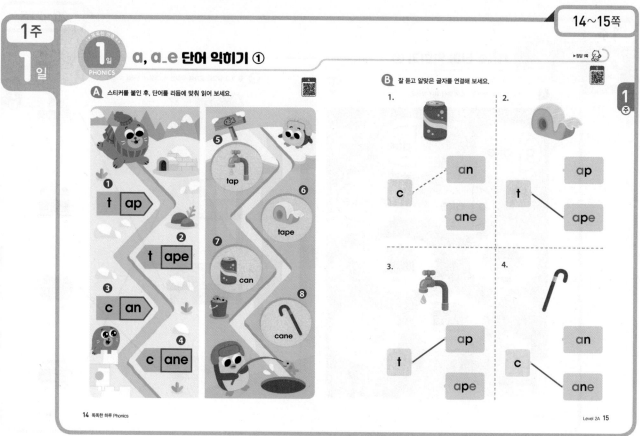

14 똑똑한 하루 Phonics

Level 2A 15

정답 **1**

1일 PHONICS **a, a_e 단어 익히기 ②**
▶정답 2쪽

Ⓐ 단어를 읽고 알맞은 그림과 연결해 보세요.

Ⓑ 그림을 보고 알맞은 글자에 동그라미 하고, 단어를 써 보세요.

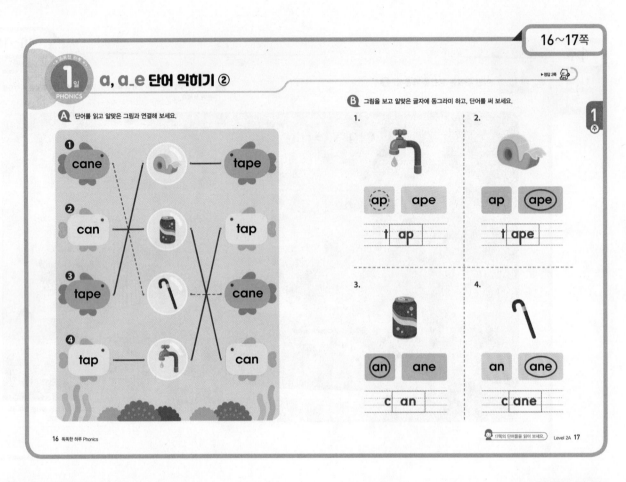

1.
(ap) ape
t ap

2.
ap (ape)
t ape

3.
(an) ane
c an

4.
an (ane)
c ane

17쪽의 단어들을 읽어 보세요.

1주 2일 **2일** PHONICS **ake 단어 익히기 ①**
▶정답 2쪽

Ⓐ 스티커를 붙인 후, 단어를 리듬에 맞춰 읽어 보세요.

Ⓑ 잘 듣고 알맞은 글자에 색칠한 후, 그림과 연결해 보세요.

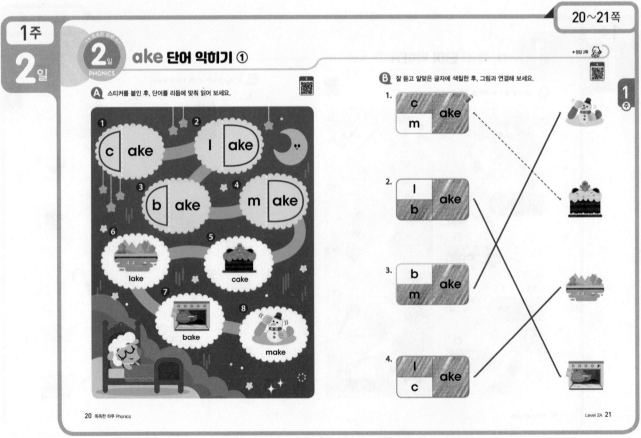

1. c/m ake
2. l/b ake
3. b/m ake
4. l/c ake

2일 PHONICS ake 단어 익히기 ②

▶정답 3쪽

A 그림을 보고 알맞은 단어에 동그라미 해 보세요.

B 그림을 보고 글자를 알맞게 배열하여 단어를 써 보세요.

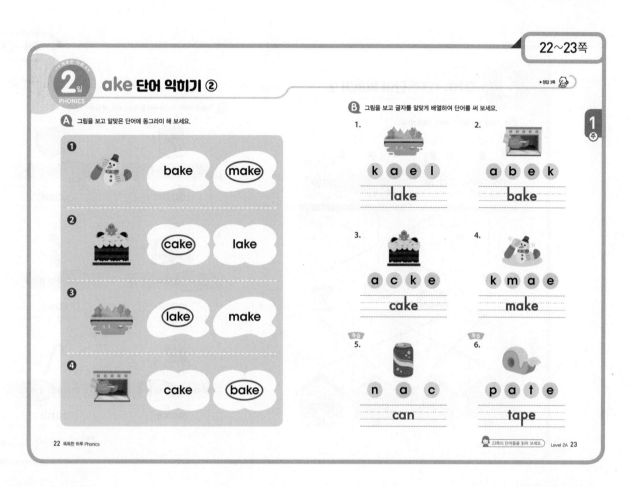

① bake **make**

② **cake** lake

③ **lake** make

④ cake **bake**

1. k a e l → lake
2. a b e k → bake
3. a c k e → cake
4. k m a e → make
5. n a c → can
6. p a t e → tape

22 똑똑한 하루 Phonics

23쪽의 단어들을 읽어 보세요. Level 2A 23

1주 3일 PHONICS ate, ase 단어 익히기 ①

▶정답 3쪽

A 스티커를 붙인 후, 단어를 리듬에 맞춰 읽어 보세요.

B 잘 듣고 알맞은 글자를 연결해 보세요.

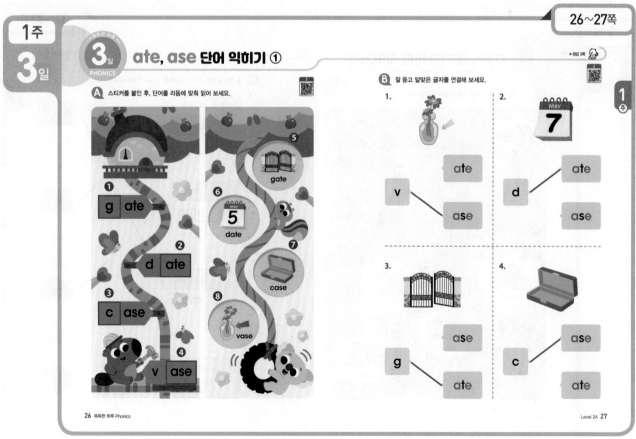

① g ate
② d ate
③ c ase
④ v ase
⑤ gate
⑥ 5 date
⑦ case
⑧ vase

1. v — ase
2. d — ate
3. g — ate
4. c — ase

26 똑똑한 하루 Phonics

Level 2A 27

정답 **3**

28~29쪽

3일 ate, ase 단어 익히기 ②

▶정답 4쪽

A 단어를 읽고 알맞은 그림과 연결해 보세요.

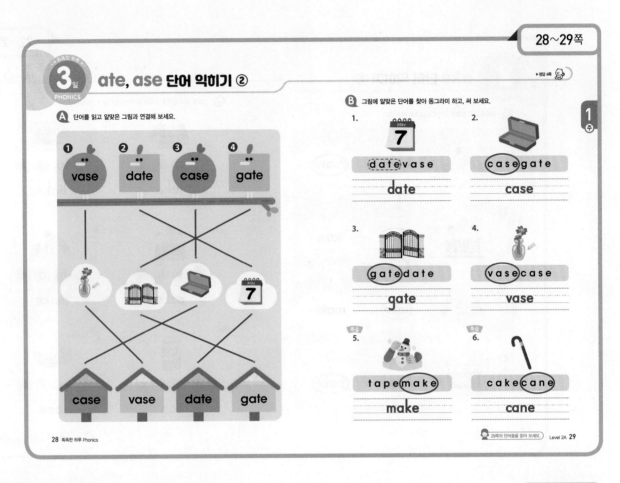

B 그림에 알맞은 단어를 찾아 동그라미 하고, 써 보세요.

1. d a t e v a s e
date

2. c a s e g a t e
case

3. g a t e d a t e
gate

4. v a s e c a s e
vase

5. t a p e m a k e
make

6. c a k e c a n e
cane

29쪽의 단어들을 읽어 보세요. Level 2A 29

32~33쪽

1주 4일

4일 ave, ame 단어 익히기 ①

▶정답 4쪽

A 스티커를 붙인 후, 단어를 리듬에 맞춰 읽어 보세요.

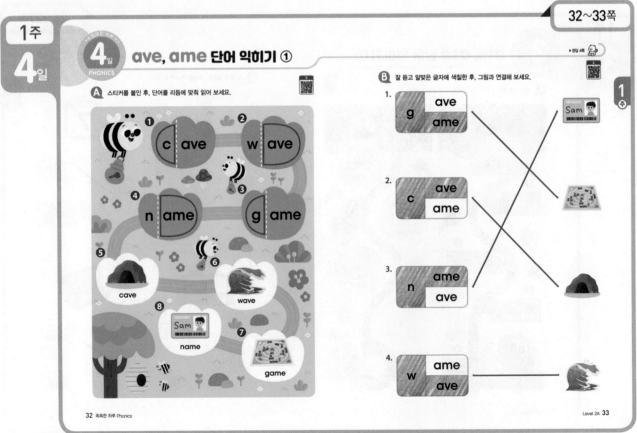

B 잘 듣고 알맞은 글자에 색칠한 후, 그림과 연결해 보세요.

1. g | ave / ame
2. c | ave / ame
3. n | ame / ave
4. w | ame / ave

Level 2A 33

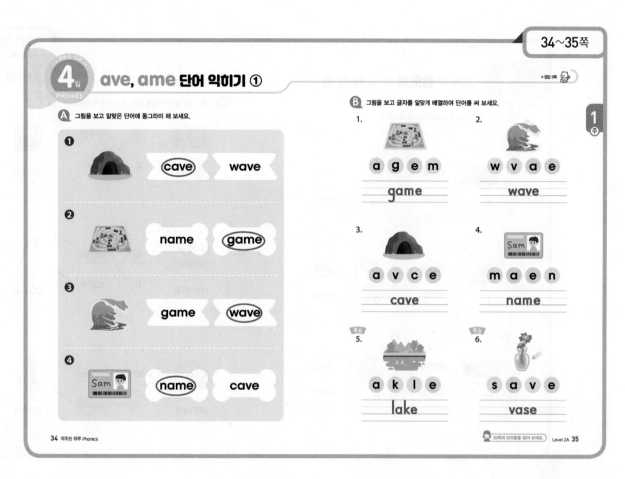

4일 PHONICS ave, ame 단어 익히기 ①

A 그림을 보고 알맞은 단어에 동그라미 해 보세요.

❶ **cave** wave

❷ name **game**

❸ game **wave**

❹ **name** cave

B 그림을 보고 글자를 알맞게 배열하여 단어를 써 보세요.

1. a g e m
game

2. w v a e
wave

3. a v c e
cave

4. m a e n
name

5. a k l e
lake

6. s a v e
vase

34 똑똑한 하루 Phonics

35쪽의 단어들을 읽어 보세요. Level 2A 35

1주 복습

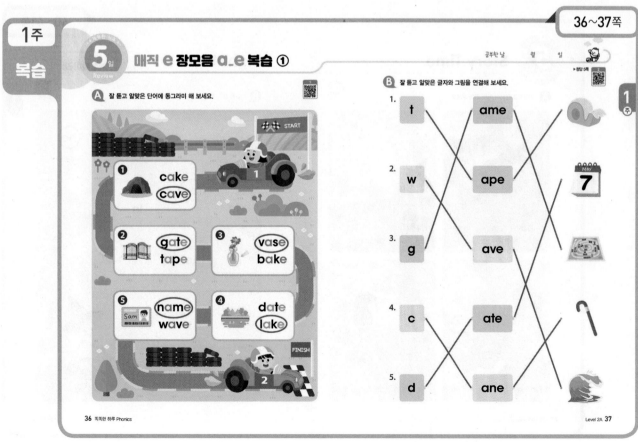

5일 Review 매직 e 장모음 a_e 복습 ①

공부한 날 월 일

A 잘 듣고 알맞은 단어에 동그라미 해 보세요.

START

❶ cake **cave**

❷ **gate** tape

❸ **vase** bake

❺ **name** wave

❹ date **lake**

FINISH

B 잘 듣고 알맞은 글자와 그림을 연결해 보세요.

1. t — ame
2. w — ape
3. g — ave
4. c — ate
5. d — ane

36 똑똑한 하루 Phonics

Level 2A 37

정답 **5**

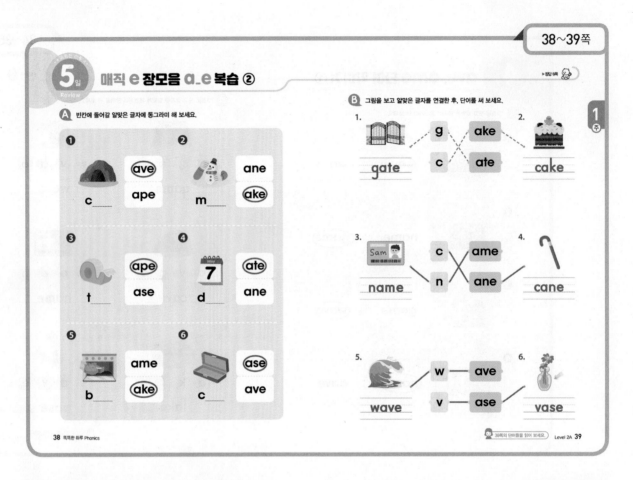

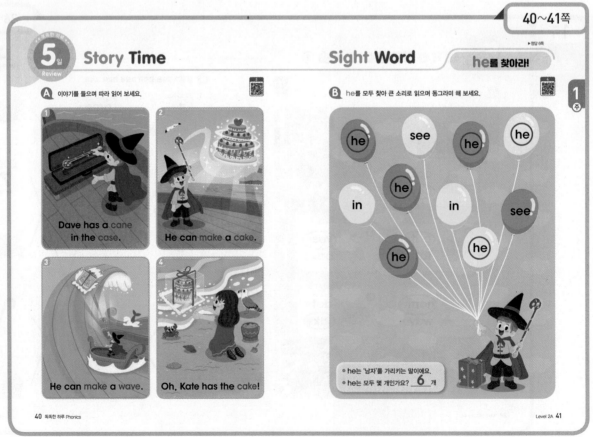

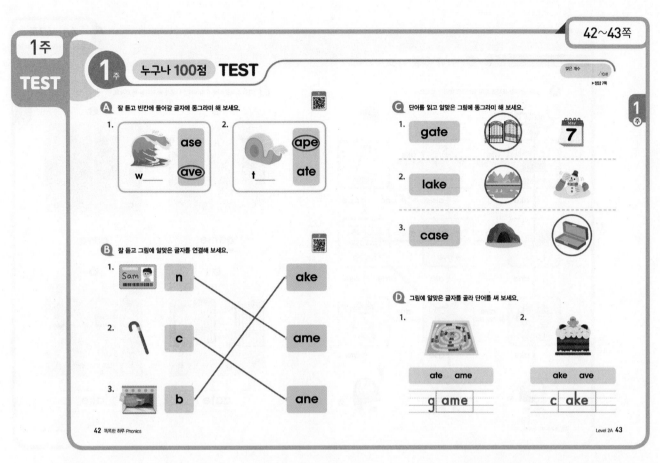

1주 TEST

1주 누구나 100점 TEST

A 잘 듣고 빈칸에 들어갈 글자에 동그라미 해 보세요.

1. w___ ase **ave**
2. t___ **ape** ate

B 잘 듣고 그림에 알맞은 글자를 연결해 보세요.

1. n — ame
2. c — ake
3. b — ane

C 단어를 읽고 알맞은 그림에 동그라미 해 보세요.

1. gate
2. lake
3. case

D 그림에 알맞은 글자를 골라 단어를 써 보세요.

1. ate **ame** → g **ame**
2. **ake** ave → c **ake**

42 똑똑한 하루 Phonics

Level 2A 43

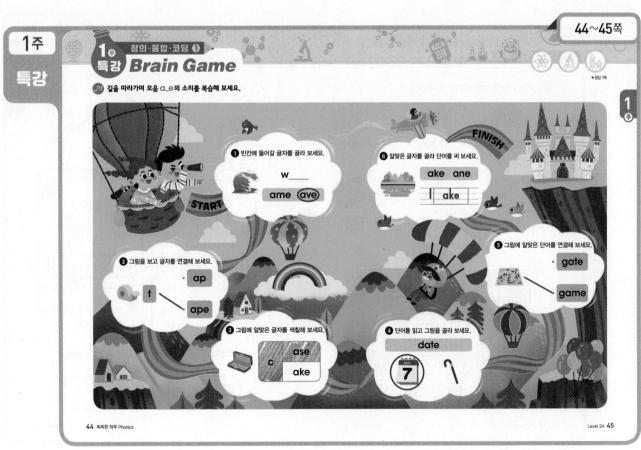

1주 특강

1주 특강 창의·융합·코딩 ❶ Brain Game

길을 따라가며 모음 a_e의 소리를 복습해 보세요.

❶ 빈칸에 들어갈 글자를 골라 보세요.
w___ ame **ave**

❷ 그림을 보고 글자를 연결해 보세요.
t — ap / **ape**

❸ 그림에 알맞은 글자를 색칠해 보세요.
c ase **ake**

❹ 단어를 읽고 그림을 골라 보세요.
date

❺ 그림에 알맞은 단어를 연결해 보세요.
gate / game

❻ 알맞은 글자를 골라 단어를 써 보세요.
ake ane → l **ake**

44 똑똑한 하루 Phonics

Level 2A 45

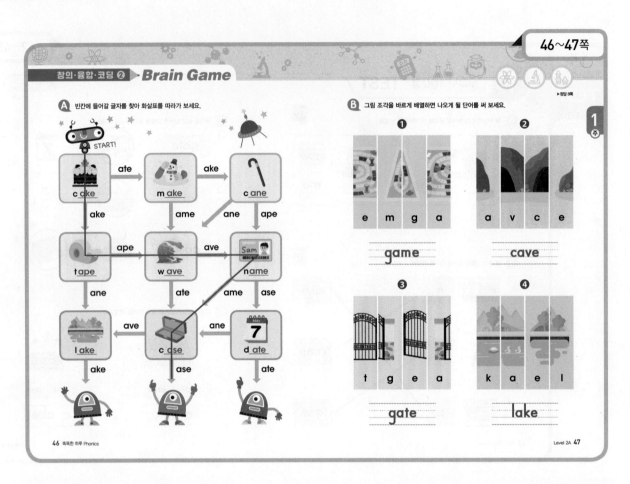

창의·융합·코딩 ② > **Brain Game**

Ⓐ 빈칸에 들어갈 글자를 찾아 화살표를 따라 보세요.

Ⓑ 그림 조각을 바르게 배열하면 나오게 될 단어를 써 보세요.

① game
② cave
③ gate
④ lake

46 똑똑한 하루 Phonics

Level 2A 47

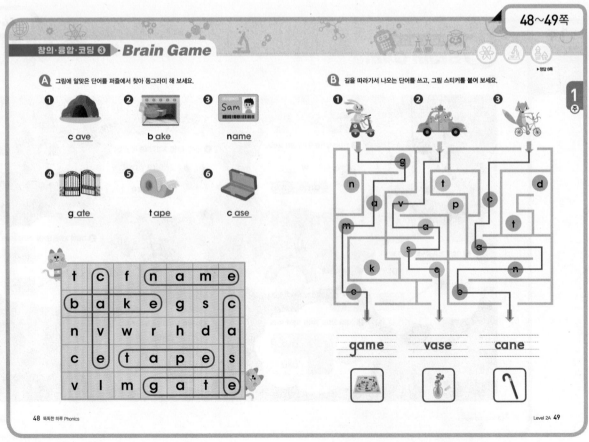

창의·융합·코딩 ③ > **Brain Game**

Ⓐ 그림에 알맞은 단어를 퍼즐에서 찾아 동그라미 해 보세요.

① c ave
② b ake
③ name
④ g ate
⑤ t ape
⑥ c ase

Ⓑ 길을 따라가서 나오는 단어를 쓰고, 그림 스티커를 붙여 보세요.

① game
② vase
③ cane

48 똑똑한 하루 Phonics

Level 2A 49

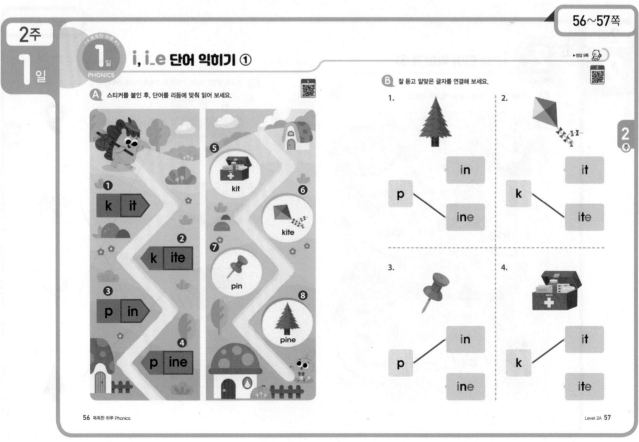

58~59쪽

i, i-e 단어 익히기 ②

▶정답 10쪽

Ⓐ 단어를 읽고 알맞은 그림과 연결해 보세요.

Ⓑ 그림을 보고 알맞은 글자에 동그라미 하고, 단어를 써 보세요.

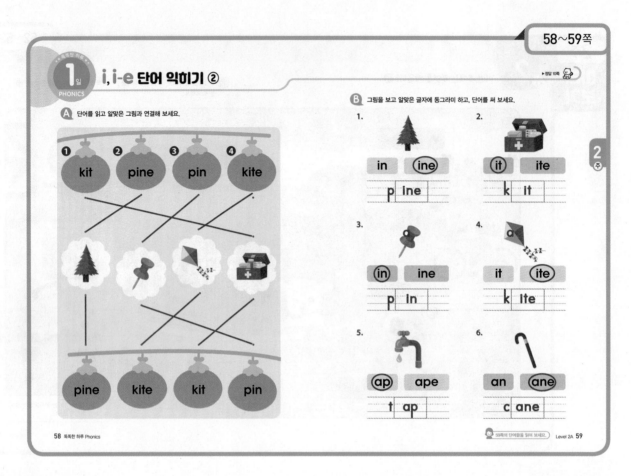

62~63쪽

2주 2일

ine 단어 익히기 ①

▶정답 10쪽

Ⓐ 스티커를 붙인 후, 단어를 리듬에 맞춰 읽어 보세요.

Ⓑ 잘 듣고 알맞은 글자에 색칠한 후, 그림과 연결해 보세요.

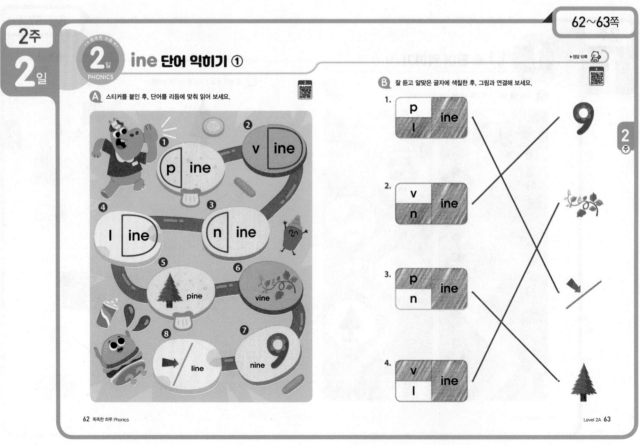

64~65쪽

2일 PHONICS

ine 단어 익히기 ②

▶정답 11쪽

A 그림을 보고 알맞은 단어에 동그라미 해 보세요.

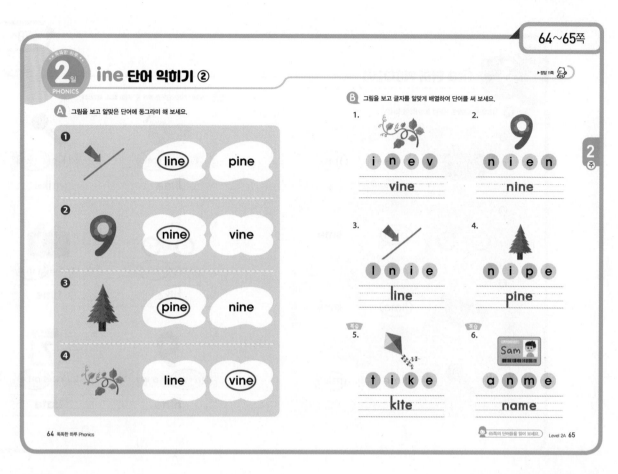

① line / pine → **line**

② nine / vine → **nine**

③ pine / nine → **pine**

④ line / vine → **vine**

B 그림을 보고 글자를 알맞게 배열하여 단어를 써 보세요.

1. i n e v → **vine**

2. n i e n → **nine**

3. l n i e → **line**

4. n i p e → **pine**

5. 복습 t i k e → **kite**

6. 복습 a n m e → **name**

64 똑똑한 하루 Phonics

65쪽의 단어들을 읽어 보세요. Level 2A 65

68~69쪽

2주 3일

3일 PHONICS

ime, ike 단어 익히기 ①

▶정답 11쪽

A 스티커를 붙인 후, 단어를 리듬에 맞춰 읽어 보세요.

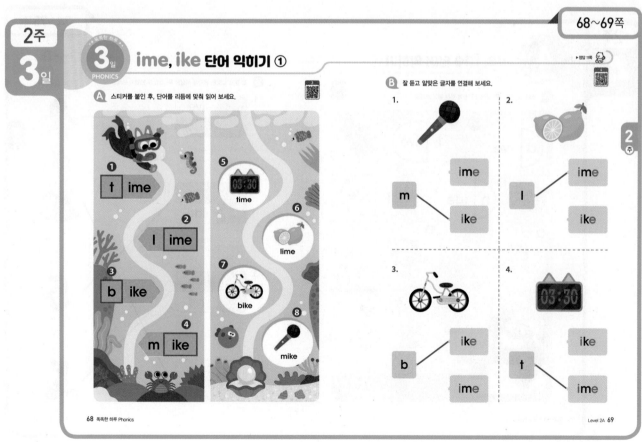

① t ime
② l ime
③ b ike
④ m ike

⑤ time
⑥ lime
⑦ bike
⑧ mike

B 잘 듣고 알맞은 글자를 연결해 보세요.

1. m — ime / ike → **ime**

2. l — ime / ike → **ime**

3. b — ike / ime → **ike**

4. t — ike / ime → **ime**

68 똑똑한 하루 Phonics

Level 2A 69

정답 **11**

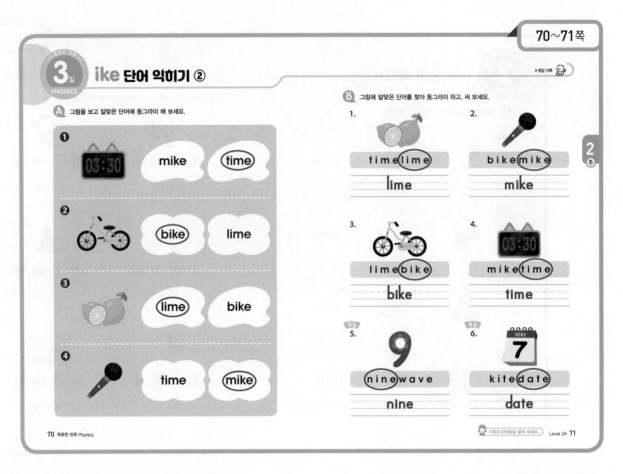

70~71쪽

3일 PHONICS ike 단어 익히기 ②

▶정답 12쪽

Ⓐ 그림을 보고 알맞은 단어에 동그라미 해 보세요.

Ⓑ 그림에 알맞은 단어를 찾아 동그라미 하고, 써 보세요.

1. time (lime) → lime
2. bike (mike) → mike
3. (lime) bike → bike
4. (mike) time → time
5. (nine) wave → nine
6. kite (date) → date

70 똑똑한 하루 Phonics

가족의 단어들을 읽어 보세요. Level 2A 71

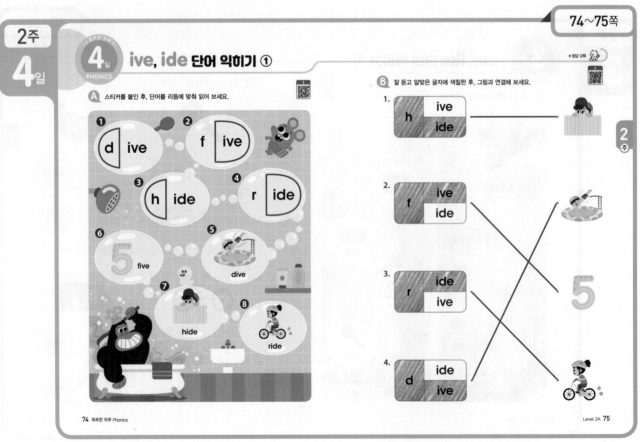

74~75쪽

2주 4일 PHONICS ive, ide 단어 익히기 ①

▶정답 12쪽

Ⓐ 스티커를 붙인 후, 단어를 리듬에 맞춰 읽어 보세요.

① d ive ② f ive ③ h ide ④ r ide

⑥ 5 five ⑤ dive ⑦ hide ⑧ ride

Ⓑ 잘 듣고 알맞은 글자에 색칠한 후, 그림과 연결해 보세요.

1. h [ive / **ide**]
2. f [**ive** / ide]
3. r [**ide** / ive]
4. d [ide / **ive**]

74 똑똑한 하루 Phonics

Level 2A 75

76~77쪽

4일 PHONICS ive, ide 단어 익히기 ①

▶정답 13쪽

A 단어를 읽고 알맞은 그림과 연결해 보세요.

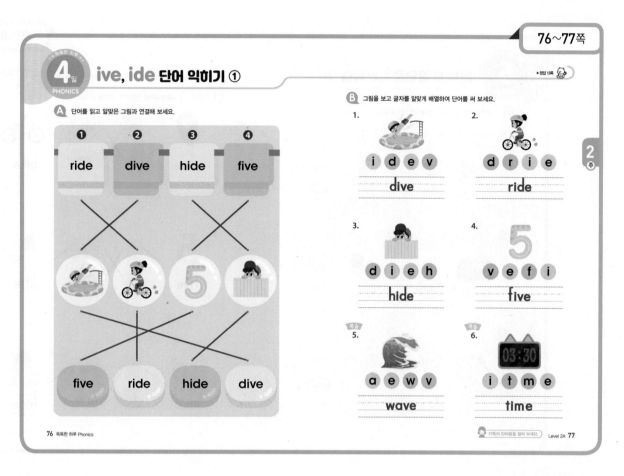

B 그림을 보고 글자를 알맞게 배열하여 단어를 써 보세요.

1. i d e v → dive
2. d r i e → ride
3. d i e h → hide
4. v e f i → five
5. a e w v → wave
6. i t m e → time

77쪽의 단어들을 읽어 보세요.   Level 2A 77

76 똑똑한 하루 Phonics

78~79쪽

2주 복습

5일 Review 매직 e 장모음 i_e 복습 ①

공부한 날   월   일

▶정답 13쪽

A 잘 듣고 알맞은 단어에 동그라미 해 보세요.

B 잘 듣고 알맞은 글자와 그림을 연결해 보세요.

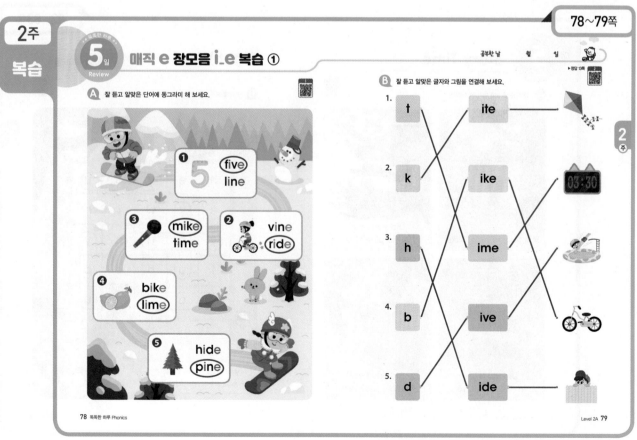

1. t — ite
2. k — ike
3. h — ime
4. b — ive
5. d — ide

78 똑똑한 하루 Phonics

Level 2A 79

정답 13

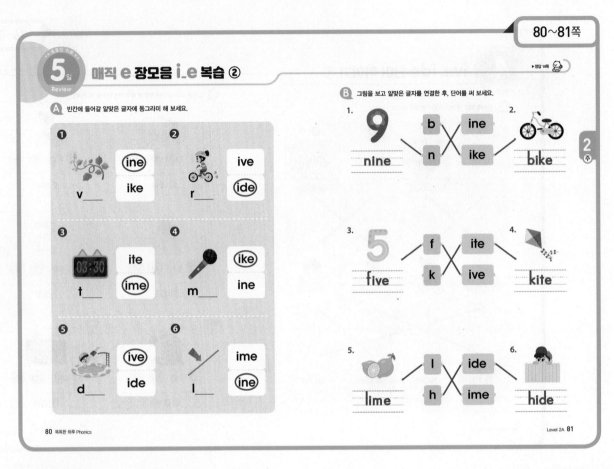

5일 Review **매직 e 장모음 i_e 복습 ②**

▶정답 14쪽

Ⓐ 빈칸에 들어갈 알맞은 글자에 동그라미 해 보세요.

① v___ ⟨ine⟩ / ike
② r___ ive / ⟨ide⟩
③ t___ ite / ⟨ime⟩
④ m___ ⟨ike⟩ / ine
⑤ d___ ⟨ive⟩ / ide
⑥ l___ ime / ⟨ine⟩

Ⓑ 그림을 보고 알맞은 글자를 연결한 후, 단어를 써 보세요.

1. 9 — b · ine / n · ike → nine
2. bike
3. 5 — f · ite / k · ive → five
4. kite
5. l · ide / h · ime → lime
6. hide

80 똑똑한 하루 Phonics
Level 2A 81

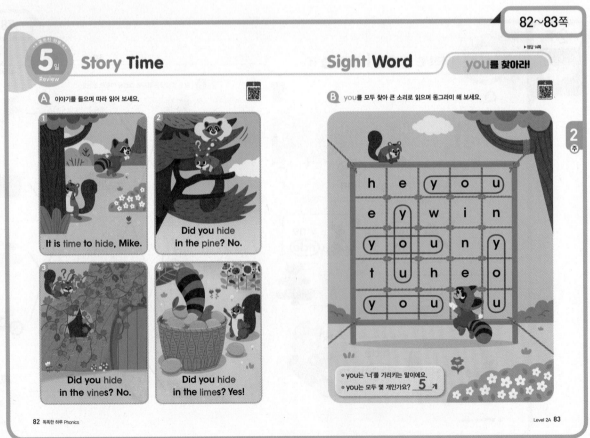

5일 Review **Story Time**　　　**Sight Word** — **you를 찾아라!**

▶정답 14쪽

Ⓐ 이야기를 들으며 따라 읽어 보세요.

1. It is time to hide, Mike.
2. Did you hide in the pine? No.
3. Did you hide in the vines? No.
4. Did you hide in the limes? Yes!

Ⓑ you를 모두 찾아 큰 소리로 읽으며 동그라미 해 보세요.

h	e	y	o	u
e	y	w	i	n
y	o	u	n	y
t	u	h	e	o
y	o	u		u

• you는 '너'를 가리키는 말이에요.
• you는 모두 몇 개인가요? __5__ 개

82 똑똑한 하루 Phonics
Level 2A 83

14 정답

2주 TEST

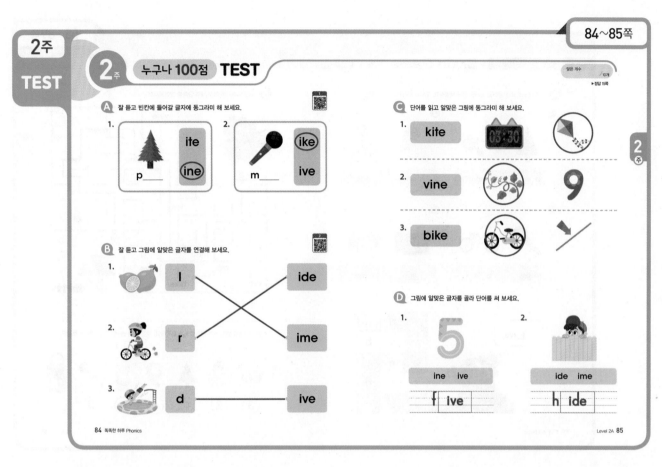

2주 누구나 100점 **TEST**

맞은 개수 /10개
▶정답 15쪽

Ⓐ 잘 듣고 빈칸에 들어갈 글자에 동그라미 해 보세요.

1. p___ (ine) / ite
2. m___ (ike) / ive

Ⓑ 잘 듣고 그림에 알맞은 글자를 연결해 보세요.

1. l — ime
2. r — ide
3. d — ive

Ⓒ 단어를 읽고 알맞은 그림에 동그라미 해 보세요.

1. kite — ⭕(연)
2. vine — ⭕(덩굴)
3. bike — ⭕(자전거)

Ⓓ 그림에 알맞은 글자를 골라 단어를 써 보세요.

1. ine **ive**
   f **ive**

2. **ide** ime
   h **ide**

84 똑똑한 하루 Phonics

Level 2A 85

2주 특강

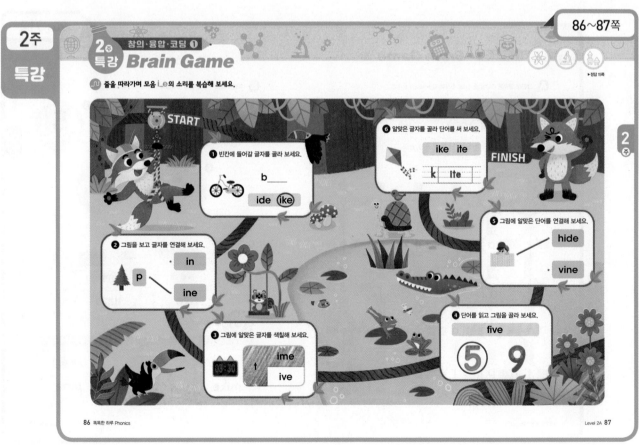

2주 특강 창의·융합·코딩 ❶ **Brain Game**

▶정답 15쪽

줄을 따라가며 모음 i_e의 소리를 복습해 보세요.

START

❶ 빈칸에 들어갈 글자를 골라 보세요.
b___ ide (ike)

❷ 그림을 보고 글자를 연결해 보세요.
p — in / ine

❸ 그림에 알맞은 글자를 색칠해 보세요.
t ime / ive

❹ 단어를 읽고 그림을 골라 보세요.
five
(5) 9

❺ 그림에 알맞은 단어를 연결해 보세요.
hide / vine

❻ 알맞은 글자를 골라 단어를 써 보세요.
ike ite
k ite

FINISH

86 똑똑한 하루 Phonics

Level 2A 87

정답 **15**

88~89쪽

창의·융합·코딩 ❷ **Brain Game**

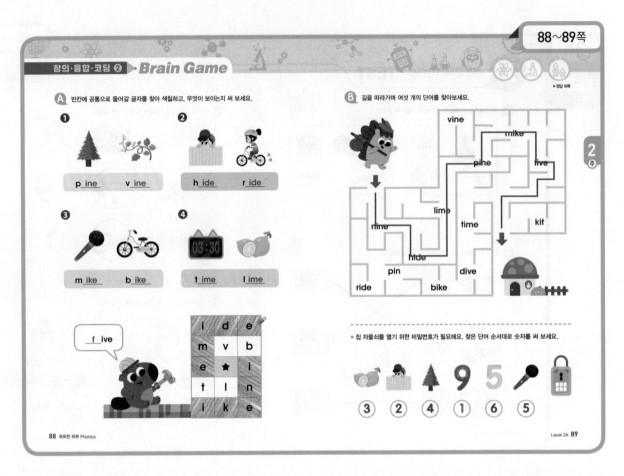

Ⓐ 빈칸에 공통으로 들어갈 글자를 찾아 색칠하고, 무엇이 보이는지 써 보세요.

❶ p_ine   v_ine

❷ h_ide   r_ide

❸ m_ike   b_ike

❹ t_ime   l_ime

f_ive

i	d	e
m	v	b
e	★	i
t	l	n
i	k	e

Ⓑ 길을 따라가며 여섯 개의 단어를 찾아보세요.

● 집 자물쇠를 열기 위한 비밀번호가 필요해요. 찾은 단어 순서대로 숫자를 써 보세요.

③ ② ④ ① ⑥ ⑤

90~91쪽

창의·융합·코딩 ❸ **Brain Game**

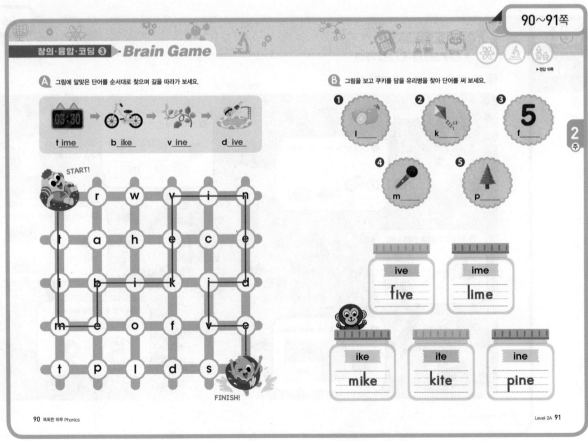

Ⓐ 그림에 알맞은 단어를 순서대로 찾으며 길을 따라가 보세요.

t_ime → b_ike → v_ine → d_ive

START!

FINISH!

Ⓑ 그림을 보고 쿠키를 담은 유리병을 찾아 단어를 써 보세요.

❶ l____   ❷ k____   ❸ f____

❹ m____   ❺ p____

ive	ime
five	lime

ike	ite	ine
mike	kite	pine

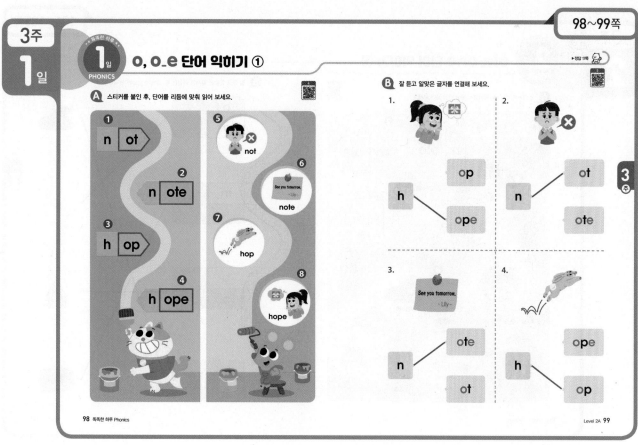

정답

100~101쪽

1일 PHONICS o, o_e 단어 익히기 ②

▶정답 18쪽

Ⓐ 단어를 읽고 알맞은 그림과 연결해 보세요.

Ⓑ 그림을 보고 알맞은 글자에 동그라미 하고, 단어를 써 보세요.

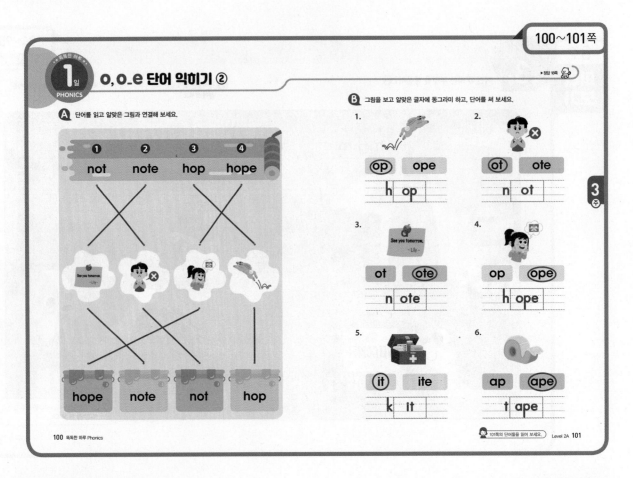

101쪽의 단어들을 읽어 보세요.   Level 2A 101

104~105쪽

3주 2일

2일 PHONICS ole, one 단어 익히기 ①

▶정답 18쪽

Ⓐ 스티커를 붙인 후, 단어를 리듬에 맞춰 읽어 보세요.

Ⓑ 잘 듣고 알맞은 글자에 색칠한 후, 그림과 연결해 보세요.

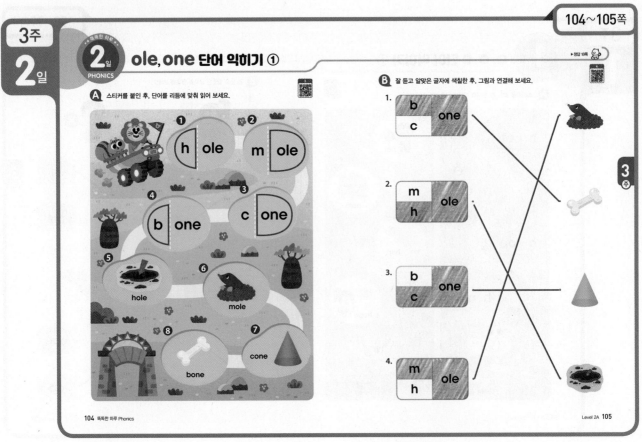

Level 2A 105

2일 PHONICS ole, one 단어 익히기 ②

▶정답 19쪽

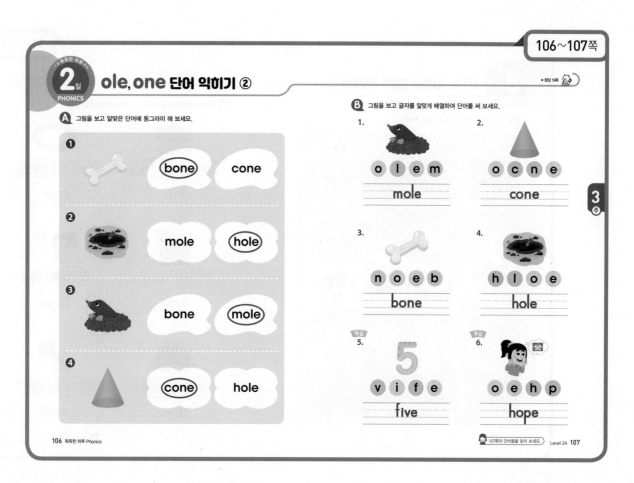

A 그림을 보고 알맞은 단어에 동그라미 해 보세요.

❶ (bone) cone

❷ mole (hole)

❸ bone (mole)

❹ (cone) hole

B 그림을 보고 글자를 알맞게 배열하여 단어를 써 보세요.

1. o l e m → mole

2. o c n e → cone

3. n o e b → bone

4. h l o e → hole

5. v i f e → five

6. o e h p → hope

106 똑똑한 하루 Phonics

107쪽의 단어들을 읽어 보세요. Level 2A 107

3주 3일 | 3일 PHONICS ote, ope 단어 익히기 ①

▶정답 19쪽

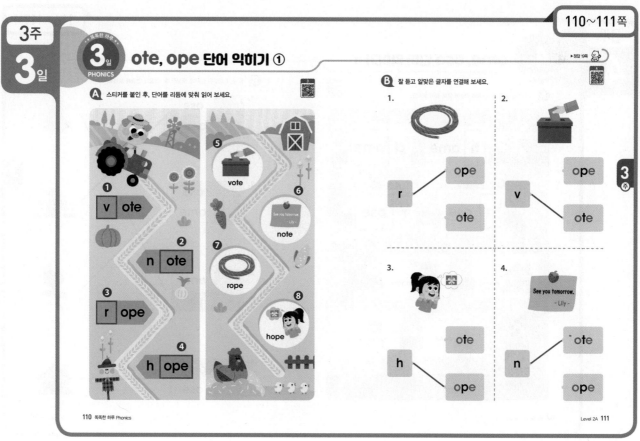

A 스티커를 붙인 후, 단어를 리듬에 맞춰 읽어 보세요.

❶ v ote
❷ n ote
❸ r ope
❹ h ope

⑤ vote
⑥ note
⑦ rope
⑧ hope

B 잘 듣고 알맞은 글자를 연결해 보세요.

1. r — ope

2. v — ote

3. h — ope

4. n — ote

110 똑똑한 하루 Phonics

Level 2A 111

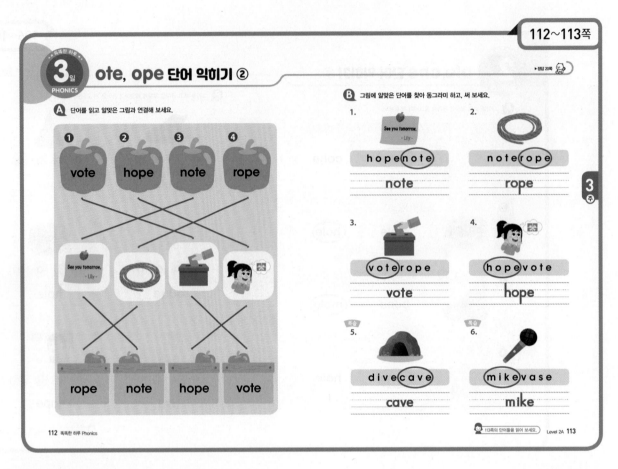

112~113쪽

3일 PHONICS ote, ope 단어 익히기 ②

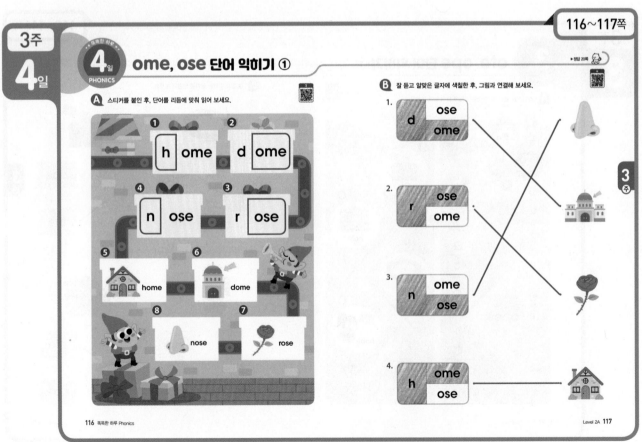

116~117쪽

3주 4일

4일 PHONICS ome, ose 단어 익히기 ①

4일 PHONICS — ome, ose 단어 익히기 ②

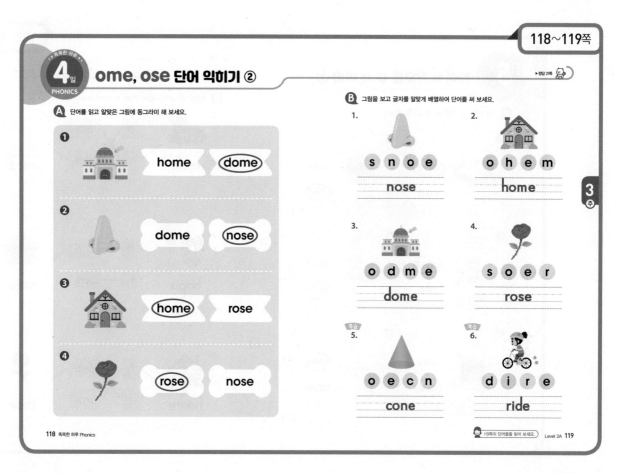

A 단어를 읽고 알맞은 그림에 동그라미 해 보세요.

① home (dome)
② dome (nose)
③ (home) rose
④ (rose) nose

B 그림을 보고 글자를 알맞게 배열하여 단어를 써 보세요.

1. s n o e → nose
2. o h e m → home
3. o d m e → dome
4. s o e r → rose
5. 복습 o e c n → cone
6. 복습 d i r e → ride

119쪽의 단어들을 읽어 보세요. Level 2A 119

3주 복습

5일 Review — 매직 e 장모음 o_e 복습 ①

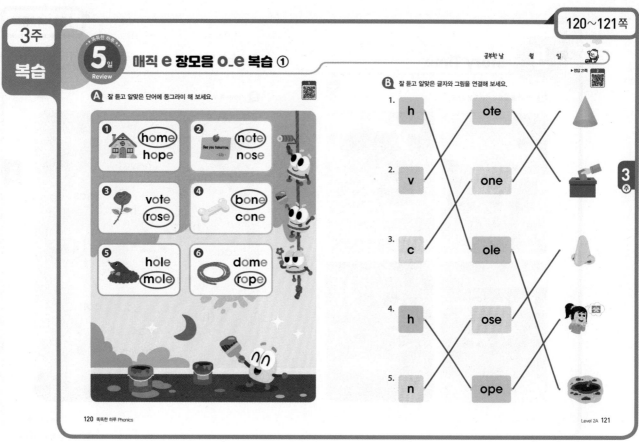

A 잘 듣고 알맞은 단어에 동그라미 해 보세요.

① (home) hope
② (note) nose
③ vote (rose)
④ bone (cone)
⑤ hole (mole)
⑥ dome (rope)

B 잘 듣고 알맞은 글자와 그림을 연결해 보세요.

1. h — ote
2. v — one
3. c — ole
4. h — ose
5. n — ope

120 똑똑한 하루 Phonics　　Level 2A 121

정답 21

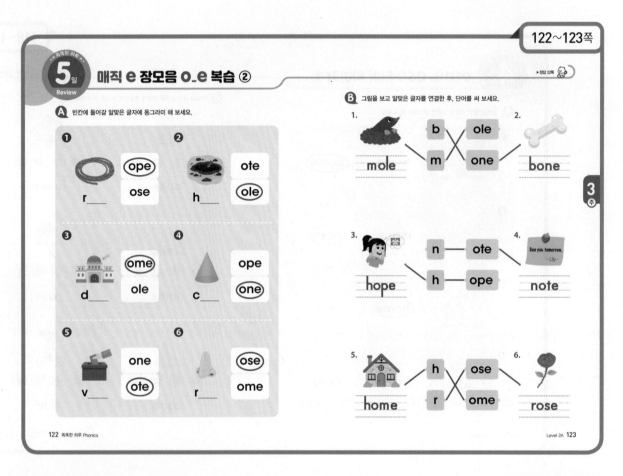

122~123쪽

5일 Review 매직 e 장모음 o_e 복습 ②

▶ 정답 22쪽

A 빈칸에 들어갈 알맞은 글자에 동그라미 해 보세요.

❶ r___ (ope) / ose

❷ h___ ote / (ole)

❸ d___ (ome) / ole

❹ c___ ope / (one)

❺ v___ one / (ote)

❻ r___ (ose) / ome

B 그림을 보고 알맞은 글자를 연결한 후, 단어를 써 보세요.

1. b — ole / m — one → mole

2. → bone

3. n — ote / h — ope → hope

4. See you tomorrow. - Lily - → note

5. h — ose / r — ome → home

6. → rose

122 똑똑한 하루 Phonics

Level 2A 123

124~125쪽

5일 Review Story Time / Sight Word

▶ 정답 22쪽

have를 찾아라!

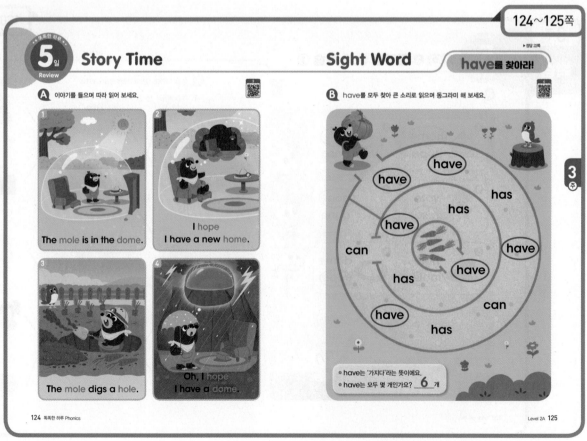

A 이야기를 들으며 따라 읽어 보세요.

1. The mole is in the dome.

2. I hope I have a new home.

3. The mole digs a hole.

4. Oh, I hope I have a dome.

B have를 모두 찾아 큰 소리로 읽으며 동그라미 해 보세요.

have / have / has / has / have / can / have / have / has / have / can / has

● have는 '가지다'라는 뜻이에요.
● have는 모두 몇 개인가요? __6__ 개

124 똑똑한 하루 Phonics

Level 2A 125

3주
TEST

3주 누구나 100점 TEST

맞은 개수 /10개
▶정답 23쪽

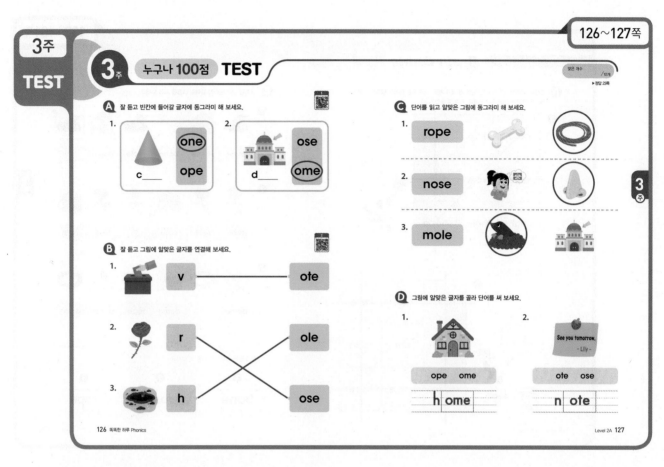

3주
특강

3주 창의·융합·코딩 ❶
특강 Brain Game

▶정답 23쪽

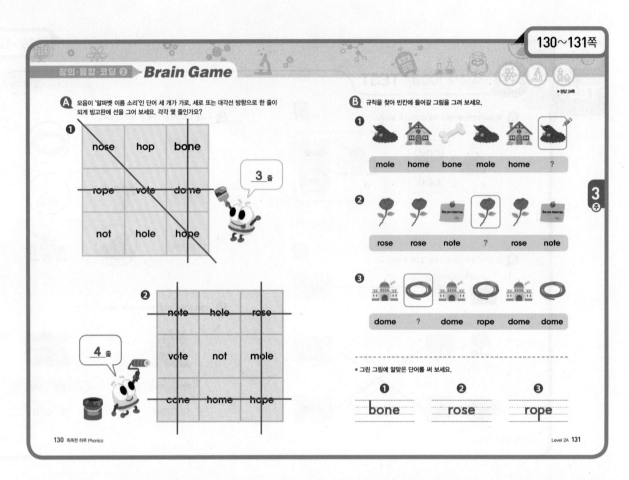

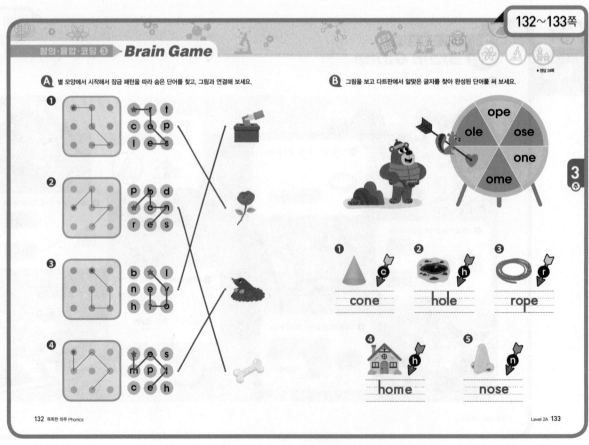

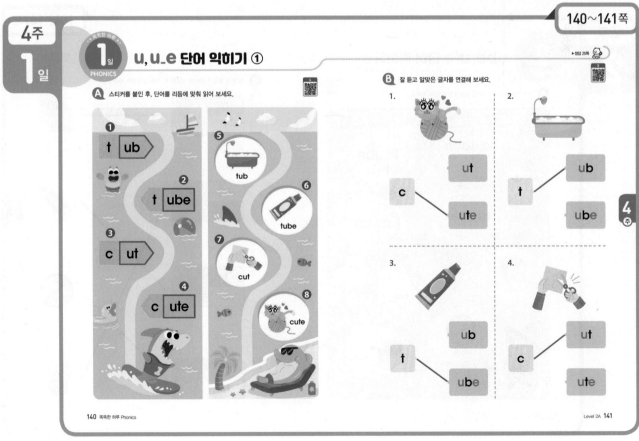

정답 **25**

142~143쪽

▶정답 26쪽

1일 PHONICS u, u_e 단어 익히기 ②

A 단어를 읽고 알맞은 그림과 연결해 보세요.

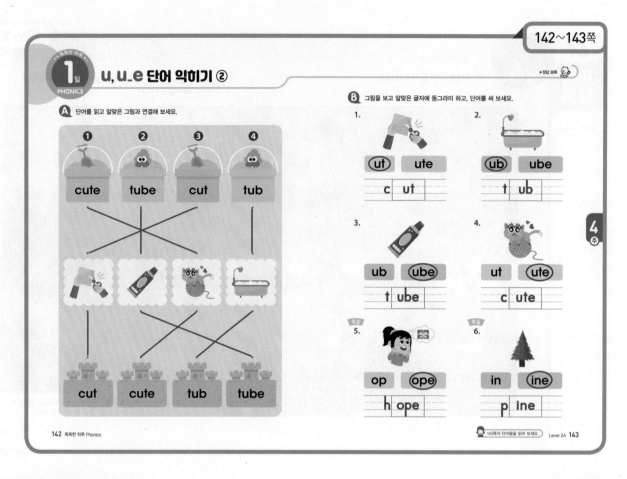

B 그림을 보고 알맞은 글자에 동그라미 하고, 단어를 써 보세요.

143쪽의 단어들을 읽어 보세요.

146~147쪽

4주 2일 PHONICS ube, ute 단어 익히기 ①

▶정답 26쪽

A 스티커를 붙인 후, 단어를 리듬에 맞춰 읽어 보세요.

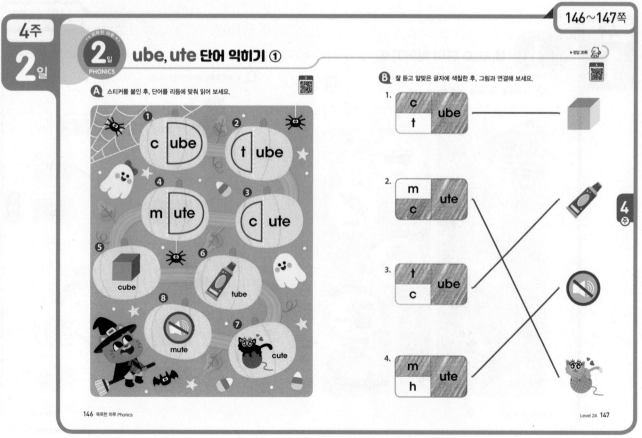

B 잘 듣고 알맞은 글자에 색칠한 후, 그림과 연결해 보세요.

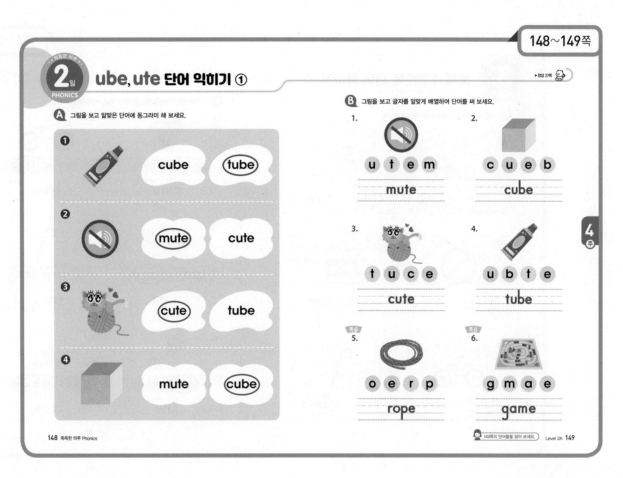

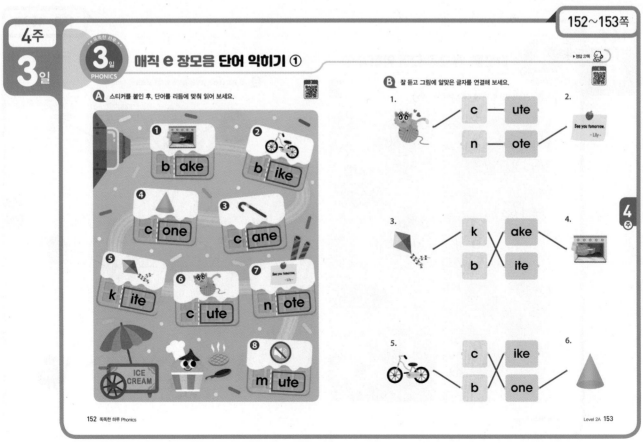

154~155쪽

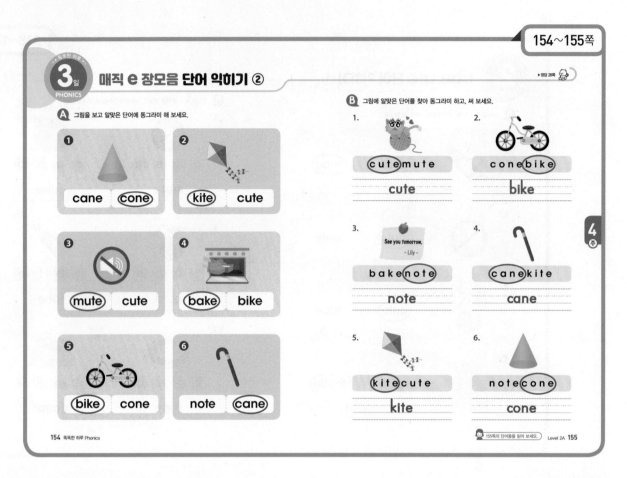

158~159쪽

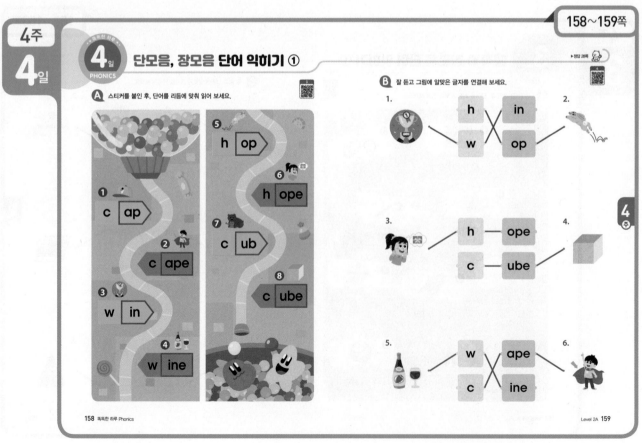

정답

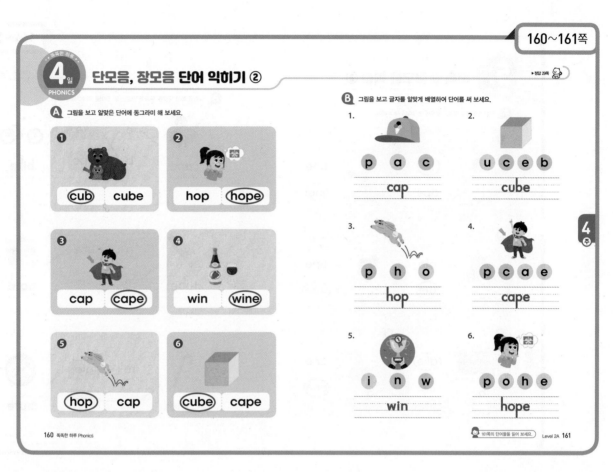

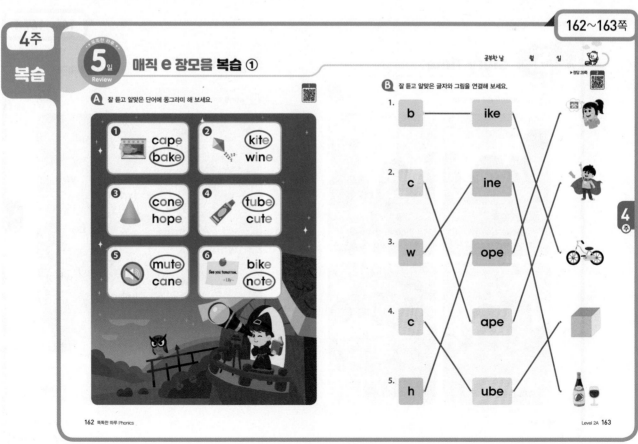

정답 **29**

164~165쪽

5일 Review **매직 e 장모음 복습 ②**

▶정답 30쪽

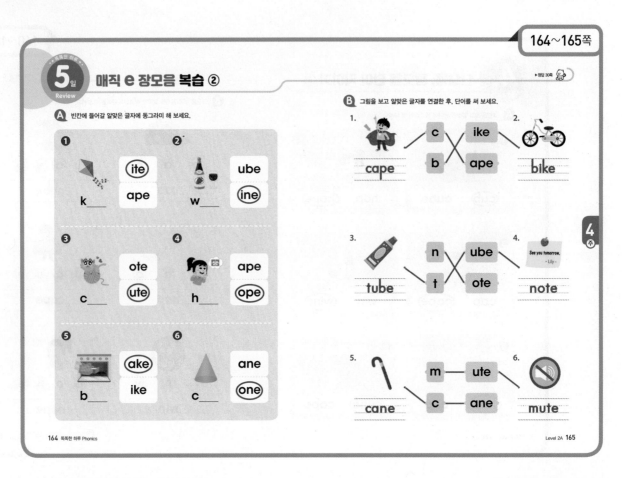

Ⓐ 빈칸에 들어갈 알맞은 글자에 동그라미 해 보세요.

❶ k____ (ite) / ape
❷ w____ ube / (ine)
❸ c____ ote / (ute)
❹ h____ ape / (ope)
❺ b____ (ake) / ike
❻ c____ ane / (one)

Ⓑ 그림을 보고 알맞은 글자를 연결한 후, 단어를 써 보세요.

1. c / b — ike / ape → **cape**
2. — **bike**
3. n / t — ube / ote → **tube**
4. — **note**
5. m / c — ute / ane → **cane**
6. — **mute**

164 똑똑한 하루 Phonics

Level 2A 165

166~167쪽

5일 Review **Story Time** **Sight Word** **who를 찾아라!**

▶정답 30쪽

Ⓐ 이야기를 들으며 따라 읽어 보세요.

1. I have a cube. Who has a rope?
2. I have a rope. Who has a cape?
3. I have a cape. Who has a bike?
4. I have a bike. Let's go!

Ⓑ who를 모두 찾아 큰 소리로 읽으며 동그라미 해 보세요.

who he you who you he who you who who

• who는 '누구'라는 뜻이에요.
• who는 모두 몇 개인가요? **6** 개

166 똑똑한 하루 Phonics

Level 2A 167

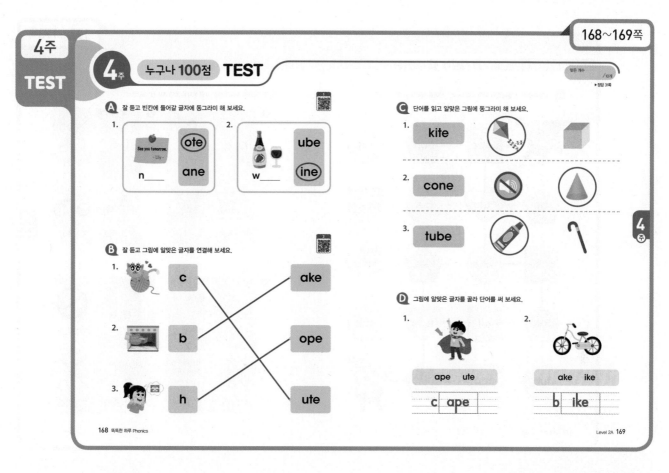

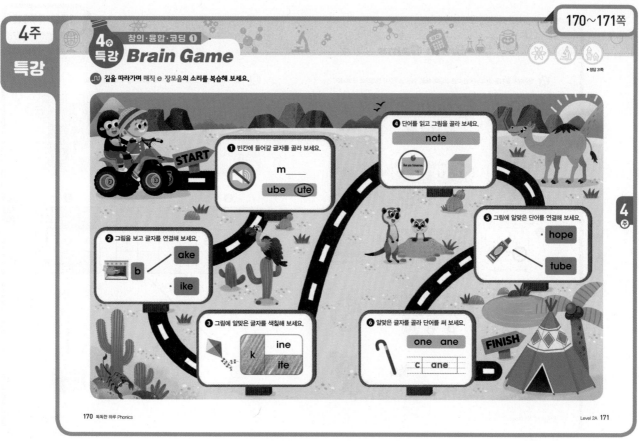

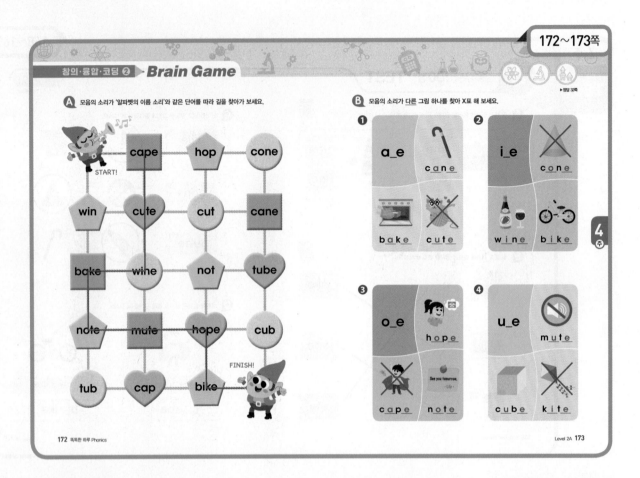

172~173쪽

창의·융합·코딩 ❷ ▶ **Brain Game**

Ⓐ 모음의 소리가 '알파벳의 이름 소리'와 같은 단어를 따라 길을 찾아가 보세요.

Ⓑ 모음의 소리가 다른 그림 하나를 찾아 X표 해 보세요.

172 똑똑한 하루 Phonics

Level 2A 173

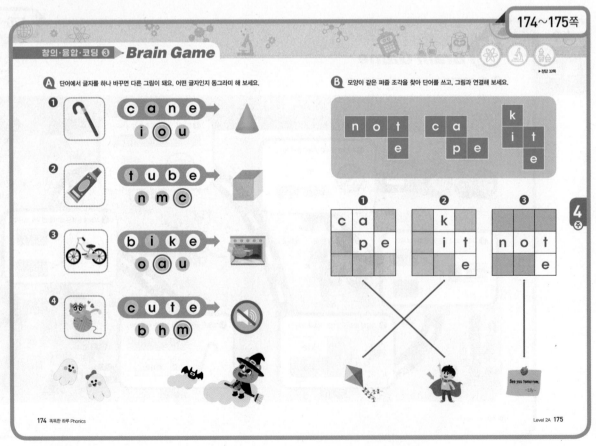

174~175쪽

창의·융합·코딩 ❸ ▶ **Brain Game**

Ⓐ 단어에서 글자를 하나 바꾸면 다른 그림이 돼요. 어떤 글자인지 동그라미 해 보세요.

Ⓑ 모양이 같은 퍼즐 조각을 찾아 단어를 쓰고, 그림과 연결해 보세요.

174 똑똑한 하루 Phonics

Level 2A 175

매일 조금씩 **공부력** UP!

똑똑한 하루
시리즈

쉽다!

하루 10분, 주 5일 완성의
커리큘럼으로 쉽고 재미있게
초등 기초 학습능력 향상!

재미있다!

교과서는 물론, 생활 속에서 쉽게
접할 수 있는 다양한 소재를 활용해
아이 스스로도 재미있는 학습!

똑똑하다!

초등학생에게 꼭 필요한 상식과 함께
학습 만화, 게임, 퍼즐 등을 통한
'비주얼 학습'으로 스마트한 공부 시작!

더 새롭게! 더 다양하게! 전과목 시리즈로 돌아온 '똑똑한 하루'

국어 (예비초 ~ 초6)

예비초~초6 각 A·B
교재별 14권

예비초: 예비초 A·B
초1~초6: 1A~4C
14권

영어 (예비초 ~ 초6)

초3~초6 Level 1A~4B
8권

Starter A·B
1A~3B
8권

수학 (예비초 ~ 초6)

초1~초6 1·2학기
12권

예비초~초6 각 A·B
14권

초1~초6 각 A·B
12권

**봄·여름
가을·겨울 (초1~ 초2)**

봄·여름·가을·겨울
2권 / 8권

안전 (초1~ 초2)

초1~초2
2권

사회·과학 (초3~ 초6)

학기별 구성
사회·과학 각 8권

정답은
이안에
있어!

수학 전문 교재

- ●연산 학습
  빅터연산   예비초~6학년, 총 20권
  창의융합 빅터연산   예비초~4학년, 총 16권

- ●개념 학습
  개념클릭 해법수학   1~6학년, 학기용

- ●수준별 수학 전문서
  해결의법칙(개념/유형/응용)   1~6학년, 학기용

- ●서술형·문장제 문제해결서
  수학도 독해가 힘미다   1~6학년, 학기용

- ●단원평가 대비
  수학 단원평가   1~6학년, 학기용

- ●단기완성 학습
  초등 수학전략   1~6학년, 학기용

- ●상위권 학습
  최고수준 수학   1~6학년, 학기용
  최강 TOT 수학   1~6학년, 학년용

- ●경시대회 대비
  해법 수학경시대회 기출문제   1~6학년, 학기용

국가수준 시험 대비 교재

- ●해법 기초학력 진단평가 문제집   2~6학년·중1 신입생, 총 6권

예비 중등 교재

- ●해법 반편성 배치고사 예상문제   6학년
- ●해법 신입생 시리즈(수학/영어)   6학년

맞춤형 학교 시험대비 교재

- ●열공 전과목 단원평가   1~6학년, 학기용(1학기 2~6년)
- ●해법 총정리   1~6학년, 학기용

한자 교재

- ●해법 NEW 한자능력검정시험 자격증 한번에 따기   6~3급, 총 8권
- ●씽씽 한자 자격시험   8~7급, 총 2권

배움으로 행복한 내일을 꿈꾸는
천재교육 커뮤니티 안내 · · · ·

교재 안내부터 구매까지 한 번에!
천재교육 홈페이지

자사가 발행하는 참고서, 교과서에 대한 소개는 물론
도서 구매도 할 수 있습니다. 회원에게 지급되는 별을 모아
다양한 상품 응모에도 도전해 보세요!

다양한 교육 꿀팁에 깜짝 이벤트는 덤!
천재교육 인스타그램

천재교육의 새롭고 중요한 소식을 가장 먼저 접하고 싶다면?
천재교육 인스타그램 팔로우가 필수!
깜짝 이벤트도 수시로 진행되니 놓치지 마세요!

수업이 편리해지는
천재교육 ACA 사이트

오직 선생님만을 위한, 천재교육 모든 교재에 대한 정보가 담긴
아카 사이트에서는 다양한 수업자료 및 부가 자료는 물론
시험 출제에 필요한 문제도 다운로드하실 수 있습니다.

https://aca.chunjae.co.kr

천재교육을 사랑하는 샘들의 모임
천사샘

학원 강사, 공부방 선생님이시라면 누구나 가입할 수 있는 천사샘!
교재 개발 및 평가를 통해 교재 검토진으로 참여할 수 있는 기회는 물론
다양한 교사용 교재 증정 이벤트가 선생님을 기다립니다.

아이와 함께 성장하는 학부모들의 모임공간
튠맘 학습연구소

튠맘 학습연구소는 초·중등 학부모를 대상으로 다양한 이벤트와 함께
교재 리뷰 및 학습 정보를 제공하는 네이버 카페입니다.
초등학생, 중학생 자녀를 둔 학부모님이라면 튠맘 학습연구소로 오세요!